I0119650

John Reinfeldt

Baltischer Liederkranz: Ausgewählte Lieder zum Gebrauch für den Gesangsunterricht

3. vermehrte und verbesserte Auflage

John Reinfeldt

Baltischer Liederkranz: Ausgewählte Lieder zum Gebrauch für den Gesangsunterricht
3. vermehrte und verbesserte Auflage

ISBN/EAN: 9783337131272

Hergestellt in Europa, USA, Kanada, Australien, Japan

Cover: Foto ©Thomas Meinert / pixelio.de

Weitere Bücher finden Sie auf **www.hansebooks.com**

Baltischer
Liederkranz.

Ausgewählte Lieder

zum

Gebrauch für den Gesangunterricht.

Herausgegeben

von

Joh. Reinfeldt,

Lehrer und Organist an der Martins-Kirche in Riga.

Dritte vermehrte und verbesserte Auflage.

Erster Teil.

Reval.

Verlag von Franz Kluge.

1898.

Дозволено цензурою. Ревель, 12 Іюля 1897 года.

Druck von G. Landsberg, Mitau, Große Straße № 20.

Alphabetisches Inhaltsverzeichnis

des ersten Teils.

Erster Teil.

Nr. 1. Sei willkommen, lieber Frühling.

Munter. J. A. Federer.

mf

1. Sei will=kom=men, lie = ber Frühling! sei ge=grüßt viel tau=send
2. Dir zu Eh = ren sol = len schal = len un=s're Flö = ten u. Schal=
3. Und wir wol = len Krän = ze win = den und uns schmücken, schön wie

1. Mal! Lie = ber Frühling, bleib' recht lan=ge, lang' in unserm stil = len
2. mei'n, und wir wol=len dir zu Eh = ren tan=zen hier in bun=ten
3. du; und wir wol=len Lie = der sin = gen und so fröhlich sein, wie

f
p

1. Thal!
2. Reih'n. 1—3. La la la la la la la la la la la
3. du.

f
p

1—3. la la la la la la la la la la la la la la la.

Hoffmann v. Fallersleben.

Nr. 2. Sehnsucht nach dem Frühling.

Langsam. Volksweise.

1. O, wie ist es kalt ge = wor = den und so
2. Auf die Ber = ge möcht ich flie = gen, möch = te
3. Möch=te hö = ren die Schal = mei = en und der
4. Schö=ner Früh=ling, komm doch wie = der! Lie = ber
5. Ja, du bist uns treu ge = blie = ben, kommst nun

1. trau = rig öd' und leer! rau = he Win = de wehn von
2. seh'n ein grü = nes Thal! möcht' in Gras und Blu = men
3. Her = den Glok = ken=klang, möch=te freu = en mich im
4. Früh=ling, komm doch bald! bring uns Blu = men, Laub und
5. bald in Pracht und Glanz, bringst nun bald all' dei = nen

1. Nor = den, und die Son = ne scheint nicht mehr.
2. lie = gen und mich freu'n am Son = nen = strahl.
3. Frei = en an der Vö = gel sü = ßem Sang.
4. Lie = der, schmük = ke wie = der Feld und Wald!
5. Lie = ben Sang und Freu = de, Spiel und Tanz.

Hoffmann v. Fallersleben.

Nr. 3. Alle Vögel sind schon da.

Munter. Volksweise.

1. Al = le Vö = gel sind schon da, al = le Vö = gel,
2. Wie sie al = le lu = stig sind, flink und froh sich
3. Was sie uns ver = kün = det nun, neh=men wir zu

1. al = le! Welch' ein Sin=gen, Mu = si = zier'n, Pfei=fen, Zwitschern,
2. re = gen! Am = sel, Dros=sel, Fink' und Star und die gan = ze
3. Her=zen. Wir auch wol=len lu = stig sein, lu = stig wie die

1. Ti - re - lier'n! Früh - ling will nun ein - mar - schier'n,
2. Vo - gel - schar wün - schet dir ein fro - hes Jahr,
3. Vö - ge - lein, hier und dort, feld - aus, feld - ein

1. kommt mit Sang und Schal - le.
2. lau - ter Heil und Se - gen.
3. sin - gen, sprin-gen, scher - zen.

Hoffmann v. Fallersleben.

Nr. 4. Lenzes Ankunft.

Fr. Seidel.

1. Der Lenz ist an - ge-kom-men, habt ihr es nicht ver-
2. Ihr seht es an den Fel-dern, ihr seht es an den
3. Hier Blüm-lein auf der Hai-de, dort Schäf-lein auf der

1. nommen? Es sa-gen's euch die Vö - ge - lein, es sa-gen's euch die
2. Wäldern; der Kuckuck ruft, der Fin - ke schlägt, es ju-belt, was sich
3. Wei - de. Ach, seht doch, wie sich Al - les freut! es hat die Welt sich

1. Blü-me-lein: der Lenz ist an - ge - kom - men!
2. froh be-wegt: der Lenz ist an - ge - kom - men!
3. schön er-neut: der Lenz ist an - ge - kom - men!

Vulpius.

Nr. 5. Frühlingsbotschaft.

Heiter. Volksweise.

1. Kuckuck, Kuckuck ruft aus dem Wald. Laſ = ſet uns ſin = gen
2. Kuckuck, Kuckuck, läßt nicht ſein Schrein: Komm in die Wäl = der,
3. Kuckuck, Kuckuck, treff = li = cher Held! was du ge = ſun = gen,

1. tan=zen und ſprin = gen, Früh=ling, Frühling, wird es nun
2. Wie=ſen und Fel = der! Früh=ling, Frühling, ſtel = le dich
3. iſt dir ge = lun = gen: Win = ter, Win = ter, räu = met das

1. bald, Früh = ling, Früh = ling wird es nun bald;
2. ein, Früh = ling, Früh = ling ſtel = le dich ein.
3. Feld, Win = ter, Win = ter, räu = met das Feld!

Hoffmann v. Fallersleben.

Nr. 4. Hinaus, hinaus ins Freie.

Munter.

1. Hin=aus, hin=aus ins Frei = e! da will ich fröh = lich,
2. Es tö = nen fro = he Lie=der, ſo bald der frü = he
3. Es mur = melt ſanft die Quel=le an blum = be = kränz = ten
4. Und kehrt der A = bend wie=der, ſo tö = nen, wenn die

1. fröh = lich ſein, die heh = re Früh=lings wei = he, ſie
2. Mor=gen graut, aus Buſch und Hai = nen wie = der; das
3. U = fern fort, es birgt die Sil = ber = wel = le, der
4. Son = ne weicht, der Nach = ti = gal = len Lie = der, und

1. la = det fest = lich ein. Das grü = ne Feld, die lau = e Luft, der
2. E = cho wird nun laut. Ja rings um=her, wie ü = ber = all, be=
3. Fischlein Hei=mats=ort. Es spie = geln sich beim Sonnenschein die
4. Al = les horcht u. schweigt. Und wenn des Mon = des Sil = ber=licht durch

1. Gär = ten und der Wie = sen Duft, der Ber = ge blau = e
2. ginnt ein fro = her Ju = bel = schall aus hun=dert = fa = chen
3. schö = nen bun = ten Blü = me = lein auf hel = ler Was = ser=
4. reich = be = laub = te Zwei = ge bricht, dann fällt in sanf = ten

1. Gi = pfel, der Bäu = me fri = sches Laub.
2. Stim=men vom mun = tern Vö = gel = chor.
3. flä = che, im kla = ren Wie = sen = bach.
4. Schlummer die fried = li = che Na = tur.

A. Balthasar.

Nr. 7. Die Lilie.

Zwei= und dreistimmig.

Gemütlich und einfach. Franz Abt.

1. Schö = ne Sil = ber = blü = te, mei = nes Gärt = chens Zier
2. Der so schön dich schmük=ket, daß dein hel = ler Schein
3. Bild der rein = sten Gü = te, Bild der Un = schuld seh'
4. Möch = te mei = ne See = le flek = ken = los und rein,

1. zei=gest Got = tes Gü = te gar so freund=lich mir.
2. je = des Aug' ent = zük = ket, muß doch gü = tig sein.
3. ich in dei = ner Blü = te, blen = dend wei = ßer Schnee!
4. rein von je = dem Feh = le, ganz dir ähn = lich sein!

J. Chr. Schmid.

Nr. 8. Frühlingslied.
Freudig.
Volksweise.
1. Las - set uns schlin - gen dem Frühling Blü-me-lein zum Kranz!
2. Dank dem Ge - fähr - ten bei un-serm Spiel u. Scherz u. Tand!
3. Hat er doch wie - der ein neu - es Le - ben an - ge - facht,
4. Las - set uns wei - len nun auch nicht län - ger mehr zu Haus!
5. Las - set uns schlin - gen dem Frühling Blü-me-lein zum Kranz!
1. Las - set uns sprin - gen, hei - ßa, zum Tanz!
2. Was wir be - gehr - ten hat er ge - sandt.
3. Frohsinn und Lie - be wie - der ge - bracht. 1—5. Blumenpracht,
4. Las - set uns ei - len, ei - len hin - aus!
5. Las - set uns sprin - gen, hei - ßa zum Tanz!
f
1—5. Lau - bes-duft, re - ges Ge - wim - mel, Sang und Klang,
1—5. Son-nen - schein hei - te - rer Him - mel.
Hoffmann v. Fallersleben.
Nr. 9. Komm, lieber Mai und mache.
Munter.
W. A. Mozart.
1. Komm, lie - ber Mai und ma - che die Bäu-me wie - der
2. Komm, mach' es bald ge - lin - der, daß al - les wie - der

1. grün, und laß uns an dem Ba - che die klei - nen Veil-chen
2. blüht! Dann wird das Flehn der Kin - der ein lau - tes Ju - bel-

1. blühn! Wie möch-ten wir so ger-ne ein Blümchen wie-der
2. lied. O komm und bring vor al-len uns vie-le Ro-sen

1. sehn! Ach lie-ber Mai, wie ger-ne ein-mal spa-zie-ren gehn!
2. mit! Bring' auch viel Nach-ti-gal-len und schö-ne Kuk-kucks mit.

Chr. v. Overbeck.

Nr. 10. Es tritt der Lenz zur Rose hin.

Freudig. W. Tschirch.

1. Es tritt der Lenz zur Ro-se hin und ruft! wach auf, wach
2. Die Ro-se folg-te sei-nem Ruf, ja sie wacht' auf, wacht'
3. Eh tritt der Lenz zum Her-zen hin und ruft: wach auf, wach
4. Das Herz durchbebt es wun-der-bar, der Ruf: wach auf, wach

1. auf! Du weißt, daß ich der Früh-ling bin, des-
2. auf! Weil er ihr neu-es Le-ben schuf, ja
3. auf! Du weißt das ich die Lie-be bin, des-
4. auf! Des Men-schen-brust den Lenz ge-bar der

1. halb wach auf, wach auf, des-halb wach auf, wach auf!
2. sie wacht' auf, wacht' auf, ja sie wacht' auf, wacht' auf!
3. halb wach auf, wach auf, des-halb wach auf, wach auf!
4. Ruf: wach auf, wach auf, der Ruf: wach auf, wach auf!

Nr. 11. Mailied.

Sehr munter. Volksweise.

1—3. Juch hei = ßa, juch = hei! Wie schön ist der Mai! { Die / Es / So

1. Vö=gel sich schwingen, sie jubeln und sin=gen; es hal=let und
2. grünen die Wäl=der, es blühen die Fel=der, es we=het die
3. las = set uns sprin=gen, und scherzen und sin=gen! zum Reigen her=

1. schallt im Feld und im Wald.
2. Luft von lieb = li=chem Duft.
3. bei! Wie schön ist der Mai!

} La la la la la la la la la

1—3. la la la la la la la la la la la la la la la la.

Hoffmann v. Fallersleben.

Nr. 12. Alles neu macht der Mai.

Munter. Volksweise.

1. Al = les neu, macht der Mai, macht die See = le frisch und frei
2. Wir durchziehn Saa=ten grün, Hai = ne, die er = götzend blühn,
3. Hier und dort, fort und fort, wie wir zie = hen Ort für Ort,

1. Laßt das Haus! Kommt hin=aus! Win=det ei = nen Strauß!
2. Wal = des Pracht, neu ge=macht nach des Win = ters Nacht.
3. al = les freut sich der Zeit, die ver=schönt, er = neut.

1. Rings er = glän=zet Son=nen=schein, duf=tend pran=get Flur u. Hain;
2. Dort im Schatten an dem Quell, rie=selnd mun=ter, sil = ber=hell,
3. Wie = der=schein der Schöpfung blüht uns er = neu=end im Ge=müt.

1. Vo = gel = sang, Hör = ner=klang tönt den Wald ent = lang.
2. Klein und Groß ruht im Moos wie im wei = chen Schoß.
3. Al = les neu, frisch und frei macht der hol = de Mai.

H. A. v. Kamp.

Nr. 13. Der Mai ist auf dem Wege.

Lebhaft. Volksweise.

1. Der Mai ist auf dem We = ge, der Mai ist vor der Thür: im
2. Den Stab hab' ich ge = nom=men, das Bün=del mir geschnürt; so
3. Hoch ü = ber mir ziehn Vö = gel, sie ziehn in lust'gen Reihn, sie

1. Gar=ten, auf der Wie=sen, ihr Blümlein kommt her = für, im
2. zieh' ich im = mer wei = ter, wo=hin die Stra = ße führt, so
3. zwitschern, tril=lern, flö = ten, als ging's zum Him=mel ein, sie

1. Gar=ten auf der Wie = sen, ihr Blüm=lein kommt her=für!
2. zieh' ich im=mer wei = ter, wo = hin die Stra = ße führt.
3. zwitschern, tril=lern, flö = ten, als ging's zum Him=mel ein.

Nach W. Müller.

Nr. 14. Ward ein Blümchen mir geschenket.

Mäßig. E. Richter.

1. Ward ein Blümchen mir ge = schen=ket, hab's ge = gepflanzt und
2. Son = ne, laß mein Blüm=chen sprie=ßen! Wol = ke komm es
3. Und ich kann es kaum er = war=ten, täg = lich geh' ich
4. Son = ne ließ mein Blüm=chen sprie=ßen! Wol = ke kam es
5. Wie's vor lau=ter Freu = den wei=net! Freut sich, daß die

1. habs ge = trän = ket. Vö = gel kommt und ge = bet acht!
2. zu be = gie = ßen! Richt' em = por dein An = ge = sicht!
3. in den Gar = ten, täg = lich frag' ich: Blüm=chen sprich,
4. zu be = gie = ßen; je = des hat sich brav be = müht,
5. So = ne schei = net. Schmet=ter = lin = ge fliegt her = bei,

1. Gelt, ich hab, es recht ge = macht?
2. Lie = bes Blüm=chen fürcht dich nicht!
3. Blümchen, bist du bös' auf mich?
4. und mein lie = bes Blüm=chen blüht.
5. sagt ihm doch, wie schön es sei!

Hoffmann v. Fallersleben.

Nr. 15. Der Blumenkranz.

Geschwind.

1. Kommt, win=det Blu=men zum Kran=ze! die Flu = ren la = chen im
2. Die Rös=lein grü=ßen von fer = ne. Wir pflük=ken Rös=lein euch
3 Am Bach Ver=giß=mein=nicht ste = hen, und freundlich wartend sie
4. Vi = o = len, Glöcklein uns win=ken, und vie = le an=dre dort
5. O, laßt zum Kranz uns sie win=den, wie wir am We = ge sie
6. Um = krän=zen wir uns = re Haa = re! es flieh'n die blü = hen=den
7. Ein Kranz von Blu=men der Tu=gend, er ziert in e = wi = ger

1. Glan = ze, die Lüf = te sind ja so mild, so mild, die
2. ger = ne, der Lie = be Bild uns so wert, so wert, der
3. se = hen mit Äug=lein sin = nig und treu, und treu, mit
4. blin = ken, sie spre=chen won = nig und traut, und traut, sie
5. sin = den; sie steh'n in lie = ben = dem Bund! ja Bund, sie
6. Jah = re, doch im = mer blüht noch ein Kranz, ein Kranz, doch
7. Ju = gend dort noch im En = gel = ge = wand, dort noch, dort

1. Lüf = te sind ja so mild!
2. Lie = be Bild uns so wert!
3. Äug = lein sin = nig und treu.
4. spre = chen won = nig und traut.
5. steh'n in lie = ben = dem Bund.
6. im = mer blüht noch ein Kranz.
7. noch im En = gel = ge = wand.

H. A. v. Kamp.

Nr. 16. Ein Vogel ruft im Walde.

Mäßig. M. Nathusius.

1. Ein Vo = gel ruft im Wal = de, ich weiß es wohl, wonach? Er
2. Er ru = fet al = le Ta = ge, und flat=tert hin und her, und
3. Und end=lich hört's der Früh=ling, der Freund der gan=zen Welt, der
4. Wer singt im ho = hen Bau = me so froh vom grü=nen Ast? Das
5. Es sin = get Dank dem Früh=ling für das, was er be=schied, und

1. will ein Häuschen ha = ben, ein grü = nes lau = big Dach.
2. in dem gan=zen Wal = de hört kei = ner sein Be = gehr.
3. giebt dem ar=men Vög = lein ein schat = tig Laub = ge = zelt.
4. thut das ar = me Vög = lein aus sei = nem Laub = pa = last.
5. singt, so lang' er wei = let, ihm je = den Tag ein Lied.

Hoffmann v. Fallersleben.

Nr. 17. Wie blüht es im Thale.

Heiter. Volksweise.

1. Wie blüht es im Tha = le, wie grünt's auf den Höh'n! und wie
2. Wer woll = te nicht tan = zen dem Früh=ling zu lieb, der den
3. So kom = met, so kom = met ins Frei = e hin = aus! wenn die

1. ist es doch im Frei=en im Frei = en, so schön! und wie
2. schlimmen, lan=gen Win=ter uns end = lich ver = trieb; der den
3. A = bend = glok=ke läu = tet, geh'ts wie=der nach Haus, wenn die

1. ist es doch im Frei = en, im Frei = en so schön!
2. schlimmen, lan = gen Win = ter uns end = lich ver = trieb.
3. A = bend = glok = ke läu = tet, geht,s wie = der nach Haus.

Hoffmann v. Fallersleben.

Nr. 18. Bescheidenheit siegt.

Mäßig. Egli.

1. Die Ler = che singt, der Kuk=kuck schreit, Krieg führt die gan = ze
2. Die Blu=men strei = ten hef = tig = lich, wer wohl die schön=ste
3. Und auch die Vö = gel strei=ten sich um ih = ren Sang und
4 Da mi = schet sich der Frühling drein, was, spricht er, soll der
5. So laßt uns wie die Ro = se sein und wie die Nach = ti=

1. Welt. Es fängt nun an ein gro=ßer Streit in Wies' und Feld und
2. sei; und nur die Ro = se denkt für sich: das ist mir ei = ner=
3. Schall. Was a = ber soll das kümmern mich? so sagt die Nach = ti=
4. Krieg? Der Nach=ti = gall und Ros' al = lein ge=bührt der Preis und
5. gall; be=scheid'=ne Her=zen schön und rein, die sie = gen ü = ber=

1. Wald, in Wies' und Feld und Wald.
2. lei, das ist mir ei = ner = lei.
3. gall, so sagt die Nach = ti = gall.
4. Sieg, ge=bührt der Preis und Sieg.
5. all, die sie = gen ü = ber = all.

Nr. 19. Grasmücke.

Langsam und wehmütig. L. v. Beethoven.

1. Grasmücke, sag', was flatterst du so um dein Nest umher. Du
2. Der Knabe nahm die Jungen aus, jetzt wird ihm bang u. schwer; er

1. klagst und zir = pest im = mer zu, ist dir das Herz so schwer? Mein
2. ren = net hur = tig fort nach Haus und holt sie wie=der her. Dran

1. Kind, o sieh' ins Nest hin=ein, dann weißt du mei=nen Gram! Wie-
2. hab' ich wahr=lich nicht ge=dacht; ver=zeih es mir, ver = zeih! Es

1. kann die Mut = ter fröh=lich sein, der man die Kindlein nahm?
2. war nicht recht, was ich ge=macht, da hast du al = le drei.

Hoffmann v. Fallersleben.

Nr. 20. Mich erfüllt, mich erfüllt.

Mäßig.
Volksweise.
mf

1. Mich er-füllt, mich er-füllt gar fröh-li-che Lust,
Und es dehnt, und es dehnt sich auch mei-ne Brust,
2. In dem Wald, in dem Wald das Vög-lein singt,
Ü-ber-all, ü-ber-all von den Zwei-gen dringt,
3. In dem Mai, in dem Mai, wenn die Blüm-lein blühn,
Wenn am Busch, wenn am Busch jun-ge Ro-sen glühn,

p
f

1. fröh-li-che Lust, glänzt hell der Son-ne Strahl,
auch mei-ne Brust, weht mil-d're Luft ins Thal.
2. Vög-lein singt mit lieb-lich hel-lem Klang;
Zwei-gen dringt ju-bi-lie-rend sein Ge-sang.
3. Blüm-lein blühn, blü-het nun auch mei-ne Lust;
Ro-sen glühn, dann er-glüht auch mei-ne Brust.

cresc.

1. Wenn in fer-nes Land der Win-ter flieht, strah-let
2. Es er-schallt des mun-tern Fin-ken Schlag und der
3. Mich er-freut der Nel-ke sü-ßer Duft und des

cresc.
mf

1. hell der Freu-de Schein, da in Wäl-der und Flu-ren der
2. Am-sel Lied im Hain, da-rum ich, da-rum ich, wie-der
3. Bächleins sanft Ge-tön; drum er-glüht, drum er-glüht wie in

p
f

1. Früh-ling zieht, Früh-ling zieht, kehrt er auch im Her-zen ein.
2. sin-gen mag, sin-gen mag, wie-der stimm' ich fröh-lich ein.
3. frei-er Luft, frei-er Luft es in mir beim Frühlingswehn.

J. Arnold.

Nr. 21. Nachtigall.

Nach der vorigen Melodie.

1. Nachtigall, Nachtigall, wie sangst du so schön, sangst du so schön vor allen Vögelein! Nachtigall, Nachtigall, wie drang doch dein Lied, drang doch dein Lied in jedes Herz hinein! Wenn du sangest, rief die ganze Welt: Jetzt muß es Frühling sein! Nachtigall, Nachtigall, wie drang doch dein Lied, drang doch dein Lied in jedes Herz hinein!

2. Nachtigall, Nachtigall, was schweigest du nun, schweigest du nun? Du sangst so kurze Zeit. Warum willst, warum willst du singen nicht mehr, singen nicht mehr? Das thut mir gar zu leid. Wenn du sangest, war mein Herz so voll von Lust und Fröhlichkeit. Warum willst, warum willst du singen nicht mehr? Das thut mir gar zu leid.

3. Wenn der Mai, wenn der Mai, wenn der liebliche Mai, liebliche Mai mit seinen Blumen flieht, ist es mir, ist es mir so eigen ums Herz, eigen ums Herz, weiß nicht, wie mir geschieht. Wollt ich singen auch, ich könnt' es nicht, mir gelingt kein einzig Lied. Ja, es ist, ja, es ist mir so eigen ums Herz, eigen ums Herz, weiß nicht, wie mir geschieht.

Nr. 22. Die schönen Drei.

Fröhlich.
Fr. Silcher.
1. Vög-lein im hohen Baum, klein ist's, man sieht es kaum, singt doch so
2. Blümlein im Wiesengrund blü-hen so lieb und bunt, tausend zu-
3. Wäs-ser-lein, fließ' so fort, im-mer von Ort zu Ort nie-der ins
4. Habt ihr es auch bedacht, wer hat so schön ge-macht al-le die
1. schön, daß wohl von nah und fern al-le die
2. gleich. Wenn ihr vor-ü-ber-geht, wenn ihr die
3. Thal. Dur-sten nun Mensch und Vieh, kom-men zum
4. Drei? Gott der Herr mach-te sie, daß sich nun
1. Leu-te gern hor-chen und stehn, hor-chen und stehn.
2. Far-ben seht, freu-et ihr euch, freu-et ihr euch.
3. Bäch-lein sie, trin-ken zu-mal, trin-ken zu-mal.
4. spät und früh je-des dran freu', je-des dran freu'.

W. Hey.

Nr. 23. Das Kind beim Vogelnest.

Erzählend. W. Hoppe.

1. Ging ich an dem Ba = che hin, dach = te so in
2. Und wie ich so vor mich sah, war auch schon ein
3. Al = ler = lieb = ste klei = ne Schar, fürcht dich nicht, ich
4. Husch! da flog die Mut = ter bei, macht ein äng = stig=
5. Lei = se ging ich wie = der fort, dacht' an mei = ner

1. mei = nem Sinn: fänd' ich doch ein Nest = chen klein voll von
2. Nest = chen da, voll von zar = ten Vö = ge = lein, sperr=ten
3. bin kein Aar, mö = ge Gott be = hü = ten dich, bis die
4. lich Ge=schrei: „bring ich mei = nen Kind = lein Brot, nimm sie
5. Mut = ter Wort: „fin = dest du ein Ne = ste = lein, rühr's nicht

1. jun = gen Vö = ge = = lein.
2. auf die Schnä=be = = lein.
3. Flü = gel schwin=gen sich.
4. nicht, ich klag' es Gott."
5. an! Gott hü = tet sein."

Nr. 24. Der Mai ist gekommen.

Munter. Volksweise.

1. Der Mai ist ge = kom=men, die Bäu=me schla=gen aus,
da blei = be wer Lust hat mit Sor = = gen zu Haus!

2. Frisch auf drum, frisch auf drum im hel = len Son=nen=strahl,
wohl ü = ber die Ber = ge, wohl durch das tie = fe Thal,

3. O Wandern, o Wan=dern, du frei = e, fro = he Lust!
Da weht Got = tes O = dem so frisch in die Brust.

1. Wie die Wol - ken dort wan-dern am himm - li - schen
2. Die Quel-len er - klin-gen, die Bäume rau - schen
3. Da sin - get und jauch - zet das Herz zum Him - mels-

1. Zelt, so steht auch mir der Sinn in die wei - te, wei-te Welt!
2. all, mein Herz ist wie 'ne Ler - che und stim-met ein mit Schall.
3. zelt: wie bist du doch so schön, o du wei - te, wei - te Welt!

E. Geibel.

Nr. 25. Die Eiche.

Lett. Volksweise.

1. Dei - ne Zwei-ge wach-sen nied - rig, Ei - che, du im
2. Mäd-chen froh am Hü - gel plau-dern, bre-chen dei - nen,
3. Raubt, ihr Mäd-chen, nach Ge - fal - len, schont die zar - ten
4. Laßt der Ei - che grü - ne Reis-lein, lie - ber Vög - lein

1. grü - nen Thal!
2. Blät-ter-schmuck!
3. Rei - ser nur!
4. laub'-gen Sitz!

} ai - ja, ai - ja, ai - ja, ja —!

1. Ei - che, du im grü - nen Thal!
2. bre - chen dei - nen Blät - ter - schmuck!
3. schont die zar - ten Rei - ser nur!
4. lie - ber Vög - lein laub'-gen Sitz!

Nr. 26. Wohlauf, es ruft der Sonnenschein.

Munter. B. Wessely.

1. Wohl - auf! es ruft der Son-nen-schein hin-aus in Got - tes
2. Es bleibt der Strom nicht ru - hig stehn, gar lu - stig rauscht er
3. Es reist der Mond wohl hin und her, die Son - ne ab und
4. Und Mensch, du sit - zest stets da - heim und sehnst dich nach der
5. Wer weiß, wo dir dein Glük-ke blüht; so geh und such es
6. Laß Sor - gen sein und Ban-gig - keit! ist doch der Him-mel

1. Welt. Geht mun - ter in das Land hin - ein und
2. fort: Hörst du des Win - des munt - res Wehn? er
3. auf, guckt ü - ber'n Berg und geht ins Meer, nie
4. Fern': sei frisch und wand - le durch den Hain, und
5. nur! der A - bend kommt, der Mor - gen flieht: be-
6. blau. Es wech - selt Freu - de stets mit Leid: nur

1. wan - delt ü - ber Feld!
2. braust von Ort zu Ort!
3. matt in ih - rem Lauf.
4. sieh die Frem - de gern!
5. tre - te bald die Spur!
6. im - mer Gott ver - trau!

L. Tieck.

Nr. 27. Maifest.

Marschmäßig. Volksweise.

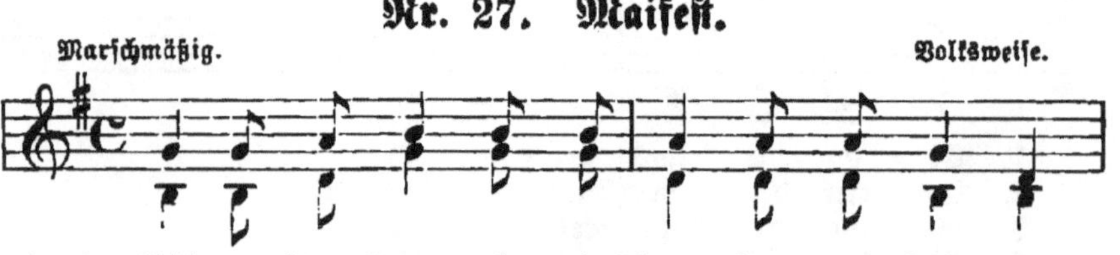

1—4. Rüh-ret die Trom-meln und schwen-ket die Fah - nen

1—4. Vorwärts! marsch! vi-va-le-ral-le-ra!

1. Wie sich heu - te
2. Sei ge-grüßt, du
3. Sei ge-grüßt, du
4. Mit uns freut euch!

1. froh die Vö - gel schwingen mit Ge - sang durch Wald und Feld,
2. grü - ne Ber - ges Hal - de und du bunt - be - blüm - tes Thal!
3. heit-rer blau - er Him-mel, und du mil - der Son - nen-glanz!
4. Bäu-me, säu-selt al - le! Mai-en - glöck-chen, klin - get drein!

1. wol - len wir auch sin - gen und springen in die wei - te
2. ihr be - laub - ten Bäum' in dem Wal-de, seid ge-grüßt viel
3. fro - hes Le - ben, re - ges Ge-wim-mel, Blät - ter - säu - sel
4. Vög-lein, singt mit freu - di - gem Schal-le, stimmt in un - sern

1. grü - ne Welt. Marsch! marsch! marsch!
2. tau - send mal! Marsch! marsch! marsch!
3. Hal - men - tanz! Marsch! marsch! marsch!
4. Ju - bel ein! Marsch! marsch! marsch!

1-4. Heisa! wir hal - ten

1—4. unsern Maien-gang heu - te mit Ju - bel - ge-sang und Klang.

Nr. 28. Mit hunderttausend Stimmen ruft.

Kräftig und schnell. Volksweise.

1. { Mit hun=dert=tau=send Stim=men ruft: hurra, hur=ra, hurra!
es in die fri=sche, frei=e Luft, hurra, hur=ra, hurra!

2. { Wie lacht im Son=nen=glanz die Welt! hurra, hur=ra, hurra!
Wie duf=tet süß das grü=ne Feld! hurra, hur=ra, hurra!

3. { Und ist die Brust von Freu=de voll, hurra, hur=ra, hurra!
so mahnt es, daß man spie=len soll, hurra, hur=ra, hurra!

1. Drum aus der dumpfen Stu=be fort, und wan=dert leicht von
2. Wie weckt der Vög=lein Lie=der=klang uns Herz und Mund zu
3. Die Fisch=lein thun's in ih=rem Teich und auch die Vög=lein

1. Ort zu Ort! Wir wan=dern, wir wan=dern, wir wandern mit Hur=
2. hei=term Sang! Wir sin=gen, wir sin=gen, wir sin=gen mit Hur=
3. auf dem Zweig! Wir spie=len, wir spie=len, wir spie=len mit Hur=

1. ra, hur=ra, hur=ra, hu=ral=le=ral=le=ra, hur=ra, hur=ra, hur=
2. ra, hur=ra, hur=ra, hu=ral=le=ral=le=ra, hur=ra, hur=ra, hur=
3. ra, hur=ra, hur=ra, hu=ral=le=ral=le=ra, hur=ra, hur=ra, hur=

1. rallerallera! Wir wandern, wir wandern, wir wandern mit Hurra!
2. rallerallera! Wir sin=gen, wir singen, wir sin=gen mit Hur=ra!
3. rallerallera! Wir spielen, wir spielen, wir spie=len mit Hur=ra!

Nr. 29. Im Freien.

Mäßig geschwind. K. Fr. Zelter.

1. Im Frei = en, ach im Frei = en, wie ist's nun grün und
2. Grüß Gott, ihr lie = ben Hai = ne, grüß Gott, du dunk=ler
3. Nicht län = ger konnt ich tra = gen die Sehn = sucht in der
4. Nun rauscht ihr grü=nen Bäu = me, nun duft', du bun = ter
5. Nun singt die hell=sten Lie = der, ihr Vög = lein in den

1. licht! Im Mai = en, ach im Mai = en, wer
2. Wald, ihr Dör = fer, und ihr Rai = ne ihr
3. Brust: wer fand bei sol = chen Ta = gen in
4. Hain! nun schließt ihr lie = ben Räu = me, nur
5. Höh'n! Wer weiß es, ob wir wie = der uns

1. möch = te wan=dern nicht?
2. Ber = ge grau und alt!
3. dum=pfen Häu=sern Luft?
4. gar den Wand=rer ein!
5. je so frö = lich sehn!

Vogl.

Nr. 30. Kommt ein Vogel geflogen.

Mäßig.

1. Kommt ein Vo=gel ge=flo = gen, setzt sich nieder auf mein'n Fuß, hat ein
2. Ach so fern ist die Hei=mat, und so fremd bin ich hier, u. es
3. Hab' mich allweil ver=trö = stet auf die Som = mer = zeit; u. der
4. Lie = ber Vogel, kehr' wie=der, nimm gar herzli = chen Gruß, u. ich

1. Brief=chen im Schna=bel, brin=get freund=li = chen Gruß.
2. fragt hier kein Bru=der, kei = ne Schwe=ster nach mir.
3. Som=mer ist kom=men, und ich bin noch so weit.
4. kann dich nicht be=glei=ten, weil ich hier blei=ben muß.

Nr. 31. Sommerlied.

Mäßig. Nach August Eberhard Müller.

f

1. Geh aus, mein Herz, und su = che Freud' in die = ser lie = ben
2. Die Bäu=me ste = hen vol = ler Laub, das Erd=reich dek = ket
3. Die Ler = che schwingt sich in die Luft, das Täublein fleugt aus
4. Ich sel = ber kann und mag nicht ruhn: des gro=ßen Got = tes
5. Ach, denk' ich, bist du hier so schön, und läßt du uns so
6. O wär' ich da! o stünd' ich schon, ach lie = ber Gott, vor

1. Som = mer = zeit an dei = nes Got = tes Ga = ben; schau'
2. sei = nen Staub mit ei = nem grü = nen Klei = de; Nar=
3. sei = ner Kluft und macht sich in die Wäl = der; die
4. gro = ßes Thun er = weckt mir al = le Sin = nen. Ich
5. lieb = lich gehn auf die = ser ar = men Er = den: was
6. dei = nem Thron und trü = ge mei = ne Pal = men; so

1. an der schö = nen Gär = ten Zier und sie = he, wie sie
2. zis = sen und die Tul = pi = an, die zie = hen sich viel
3. hoch = be=gab = te Nach = ti = gall er = götzt und füllt mit
4. sin = ge mit, wenn al = les singt, und las = se, was dem
5. will doch wohl nach die = ser Welt dort in dem rei = chen
6. wollt' ich nach der En = gel Weis' er = hö = hen dei = nes

1. mir und dir sich aus = ge=schmük=ket ha = ben!
2. schö = ner an, als Sa = lo = mo = nis Sei = de.
3. ih = rem Schall, Berg, Hü = gel, Thal und Fel = der.
4. Höch=sten klingt, aus mei = nem Her = zen rin = nen.
5. Him=mels=zelt und güld = nen Schlos=se wer = den!
6. Na = mens Preis mit tau = send schö=nen Psal = men.

Nr. 37. Jägers Abschied vom Walde.

Marschmäßig. F. Mendelssohn-Bartholdy.

f

1. Wer hat dich, du schö-ner Wald, auf-ge-baut so hoch da
2. Tief die Welt ver-wor-ren schallt, o-ben ein-sam Re-he
3. Was wir still ge-lobt im Wald, wol-lens drau-ßen ehr-lich

f

1. dro-ben? Wohl den Mei-ster will ich lo-ben, so lang
2. gra-sen, und wir zie-hen fort und bla-sen, daß es
3. hal-ten, e-wig blei-ben treu die Al-ten, bis das

1. noch mein' Stimm' er-schallt, wohl den Mei-ster will ich
2. tau-send-fach ver-hallt, und wir zie-hen fort und
3. letz-te Lied ver-hallt, e-wig blei-ben treu die

pp
pp

1. lo-ben, so lang noch mein' Stimm' erschallt!
2. bla-sen, daß es tau-send-fach ver-hallt!
3. Al-ten, bis das letz-te Lied ver-hallt!

1-3. Lebe wohl! Le-be

cresc.

1—3. wohl! Le-be wohl! Le-be wohl! Le-be wohl! Le-be wohl! du

f
dim.
pp

1—2. schö-ner Wald, le-be wohl, le-be wohl, du schö-ner Wald!
3. schö-ner Wald, le-be wohl, schirm dich Gott, du schö-ner Wald!

Nr. 38. Sah ein Knab' ein Röslein steh'n.
Mäßig.
H. Werner. Volkslied.
1. Sah ein Knab' ein Rös = lein steh'n, Rös=lein auf der
2. Kna = be sprach: „Ich bre = che dich, Rös=lein auf der
3. Und der wil = de Kna = be brach's Rös=lein auf der
1. Hai = den war so jung und mor=gen=schön, lief 'er schnell es
2. Hai = den! Rös=lein sprach: „Ich ste = che dich, daß du e = wig
3. Hai = den; Rös=lein wehr = te sich und stach; half ihm doch kein
1. nah zu sehn, sah's mit vie = len Freu=den.
2. denkst an mich, und ich will's nicht lei = den.
3. Weh und Ach, mußt es e = ben lei=den.
1—3. Rös=lein, Röslein,
1—3. Rös = lein rot, Rös = lein auf der Hai = den!
Goethe.
Nr. 39. Die Wolkenschäflein.
Ruhig.
C. A. Kern.

1. Die Wol=ken=schäf=lein zie = hen am Him=mel hell und klar; wie
2. Es wei=det sie ein En = gel im blau = en Himmelsfeld mit
3. Der En=gel treibt die Schäflein da = hin so still und sacht, und
4. Ach, wär ich doch dort o = ben, könnt stil = le mit euch ziehn! Wie
5. Wie müs=sen dort die Bächlein so kühl sein und so klar! Wie
6. Ihr Schäflein zieht dort o = ben, ich muß hier un = ten sein, bis
7. A = de! A = de! ihr Schäflein, ihr zieht so still ein = her. Ach,

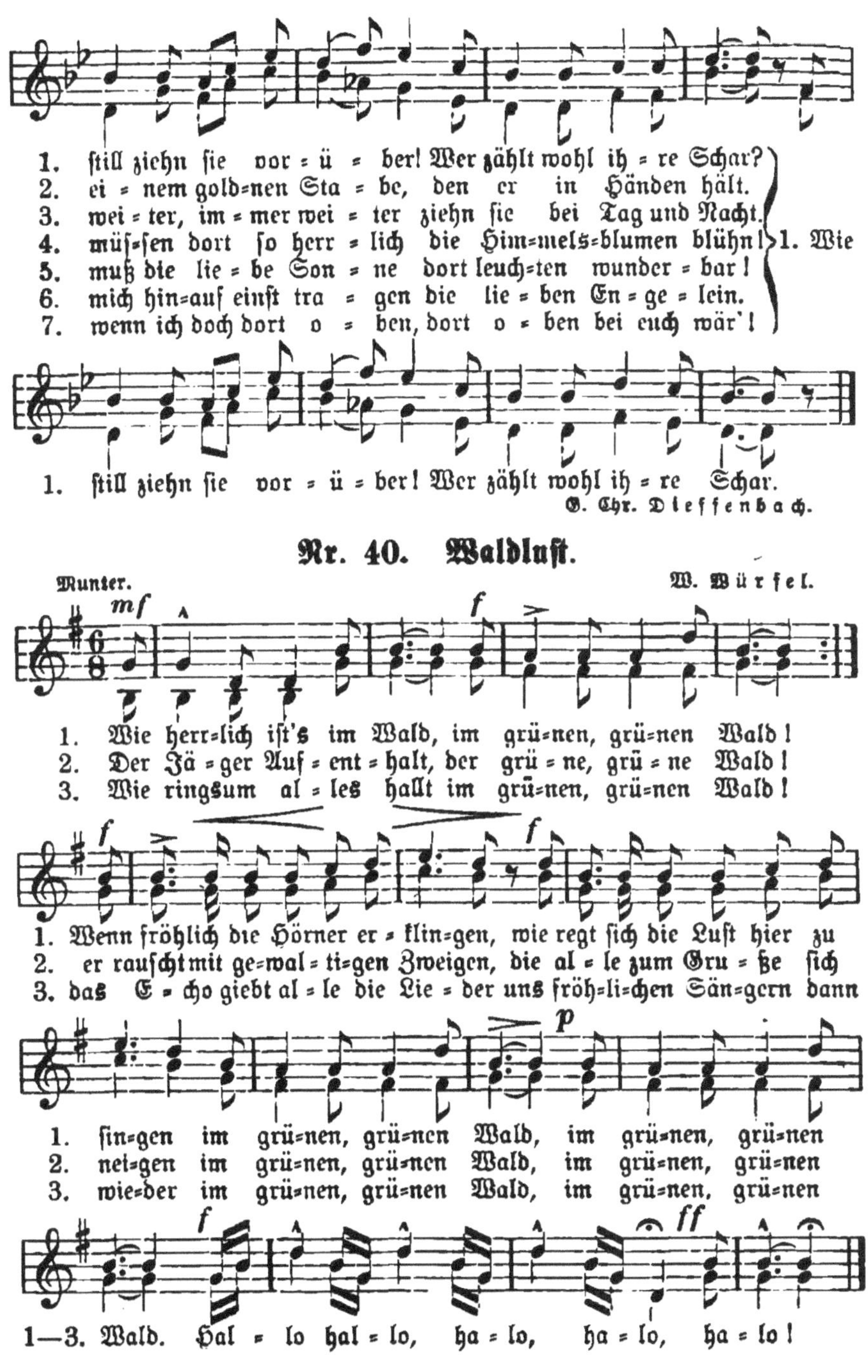
1. still ziehn sie vor = ü = ber! Wer zählt wohl ih = re Schar?
2. ei = nem gold=nen Sta = be, den er in Händen hält.
3. wei = ter, im = mer wei = ter ziehn sie bei Tag und Nacht.
4. müs=sen dort so herr = lich die Him=mels=blumen blühn!
5. muß die lie = be Son = ne dort leuch=ten wunder = bar!
6. mich hin=auf einst tra = gen die lie = ben En = ge = lein.
7. wenn ich doch dort o = ben, dort o = ben bei euch wär'!
1. Wie
1. still ziehn sie vor = ü = ber! Wer zählt wohl ih = re Schar.
G. Chr. Dieffenbach.
Nr. 40. Waldlust.
Munter.
W. Würfel.
mf
f
1. Wie herr=lich ist's im Wald, im grü=nen, grü=nen Wald!
2. Der Jä = ger Auf = ent = halt, der grü = ne, grü = ne Wald!
3. Wie ringsum al = les hallt im grü=nen, grü=nen Wald!
f
f
1. Wenn fröhlich die Hörner er = klin=gen, wie regt sich die Lust hier zu
2. er rauscht mit ge=wal = ti=gen Zweigen, die al = le zum Gru = ße sich
3. das E = cho giebt al = le die Lie = der uns fröh=li=chen Sän=gern dann
p
1. sin=gen im grü=nen, grü=nen Wald, im grü=nen, grü=nen
2. nei=gen im grü=nen, grü=nen Wald, im grü=nen, grü=nen
3. wie=der im grü=nen, grü=nen Wald, im grü=nen, grü=nen
f
ff
1—3. Wald. Hal = lo hal = lo, ha = lo, ha = lo, ha = lo!

Nr. 41. Wie lieblich schallt durch Busch und Wald.
Mäßig bewegt.
F. Silcher.
mf
1. Wie lieb = lich schallt durch Busch und Wald des
2. Und je = der Baum im wei = ten Raum dünkt
3. Und je = de Brust fühlt neu = e Lust beim
Echo.
pp
1. Waldhorns sü = ßer Klang! des Wald=horns sü = ßer
2. uns wohl noch so grün! dünkt uns wohl noch so
3. fro = hen Dop = pel = ton! beim fro = hen Dop = pel=
mf
1. Klang! Der Wie = der = hall im Ei = chen=thal hallt's
2. grün! Es wallt der Quell wohl noch so hell durchs
3. ton! Es flieht der Schmerz aus je = dem Herz so=
Echo.
pp
1. nach so lang, so lang! hallt's nach so lang, so lang!
2. Thal da = hin da = hin durchs Thal da = hin, da = hin!
3. gleich da = von, da = von! so = gleich da = von, da = von!
Chr. v. Schmid.
Nr. 42. So scheiden wir mit Sang und Klang.
Belebt.
1. So schei=den wir mit Sang und Klang: leb' wohl, du schö=ner
2. Wir sin = gen auf dem Heim = weg noch ein Lied der Dank=bar=
3. Schaut hin! von fern noch hört's der Wald in sei = ner A=bend=
1. Wald! Mit dei = nem küh = len Schat = ten, mit
2. keit: lad' ein wie heut' uns wie = der auf
3. ruh: die Wi = pfel möcht er nei = gen, er

1. dei = nen grü = nen Mat = ten, du sü = ßer Auf = ent=
2. Lau=bes = duft und Lie = der zur schö = nen Mai = en=
3. rau=schet mit den Zwei = gen, lebt wohl! ruft er uns

1. halt, du sü = ßer Auf = ent = halt!
2. zeit! zur schö = nen Mai = en = zeit!
3. zu. Lebt wohl! ruft er uns zu.

Hoffmann v. Fallersleben.

Nr. 43. Bekränzt mit Laub die Mützen.

Mäßig. J. André.

1. Be=kränzt mit Laub die Müt = zen und die Hü = te, lob=
2. Gott schuf den Wald zur eig = nen Au = gen = wei=de, wie
3. Im Wald, im Wald ist's traun! ein herr=lich Le = ben. Ge=

1. singt dem Wald mit mir! lob=singt dem Wald mit mir! Auf
2. wär' er sonst so schön, wie wär er sonst so schön? Wie
3. seg = net sei der Wald! ge = seg = net sei der Wald! So

1. Er = den zeigt des Schöp=fers Macht und Gü = te sich
2. wär er sonst im grü = nen Fei = er = klei = de so
3. lang' ich bin, soll dich mein Lied er = he = ben, du

1. grö = ßer nicht als hier, sich grö = ßer nicht als hier.
2. herr = lich an = zu = sehn, so herr=lich an = zu = sehn?
3. grü = ner Auf = ent = halt, du grü = ner Auf = ent = halt.

Nr. 44. Waldlied.

Mäßig geschwind. Aus Preciosa von C. M. v. Weber.

Echo. Echo.

1. Im Wald, im Wald, im Wald, im Wald, im
2. Die Welt, die Welt, die Welt, die Welt, die

Echo.

1. fri = schen grü = nen Wald, im Wald, im Wald, wo's
2. gro = ße wei = te Welt, die Welt, die Welt, ist

Echo. Echo.

1. E = cho schallt, wo's E = cho schallt, im Wald, wo's E = cho schallt, im
2. un = ser Zelt, ist un = ser Zelt, die Welt ist un = ser Zelt, die

Das 2. Mal als Echo pp. Das

1. Wald, wo's E=cho schallt, da tö = net Ge=sang und der Hör=ner Klang so
2. Welt ist un = ser Zelt. Und wandern wir singend, so schallt die Luft, die

2. Mal als Echo pp

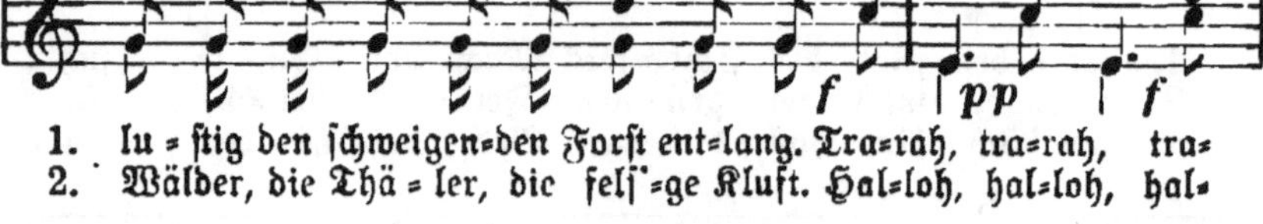
f
pp
f

1. lu = stig den schweigen=den Forst ent=lang. Tra=rah, tra=rah, tra=
2. Wälder, die Thä = ler, die fels'=ge Kluft. Hal=loh, hal=loh, hal=

Echo.
pp
f
pp

1. rah, trarah, trarah, trarah, tra = rah, trarah, tra = rah, tra=rah.
2. loh, halloh, halloh, halloh, hal = loh, halloh, hal = loh, hal=loh.

Pius Alex. Wolff.

Nr. 45. Der Sonntagsjäger.

Scherzend. Volksweise.

1. Ein Jä = gers=mann, der ritt wohl Sonntags in den
2. Scharf nahm den Hirsch aufs Korn der Jä = ger, doch er
3. Der Hirsch ge = riet in Wut und schoß da = her wie
4. Er warf hin = weg die Flint' und klet = ter = te auf
5. Der Hirsch nahm das Ge = weih und stieß dem ar = men
6. Der stieß vor Angst ins Horn, da ka = men noch der
7. Und als der Hirsch so stand, da nah=men sie in

1. grü=nen Wald, da kam mit leich=tem Tritt ein Hirsch, schön von Ge=
2. schoß vor=bei; da blies er in sein Horn, der Hirsch hob das Ge=
3. Wet=ter=strahl, da war des Jä=gers Mut ge=dämpft mit ei = nem
4. ei = nen Baum; doch ging's nicht zu ge=schwind, er kam drei El = len
5. Jä=gers=mann die Bei = ne ganz ent=zwei, dem ar = men Jä=gers=
6. Jä = ger vier, ge = rie = ten sehr in Zorn hier in dem Waldre=
7. ih = rer Not die Läu = fe in die Hand, und schlu = gen so ihn

1. stalt.
2. weih.
3. Mal.
4. kaum.
5. mann.
6. vier.
7. tot.

} Tra=ra! tra = ra! Ja lu = stig ist die Jä=ge=rei, die

1—7. Sonntags = jä = ge = rei, die Sonn=tags = jä = ge = rei!

Th. Wittkow.

Nr. 46. Die Waise.

Lett. Volksweise.

1. Hab' es nicht als Kind ge - se - hen als das Müt-ter-
2. Auf dem wei - ßen sand'-gen Hü - gel, un - ter grü-nem
3. Ach er - wa - che, theu - re Mut - ter, Ra - sen wälz' ich

1. lein mir starb, jetzt nach lan - gem Su - chen fand ich
2. Ra - sen - schmuck, un-ter je - nem grü - nen Ra - sen
3. dir vom Haupt, hö - re, was die frem - de Mut - ter

1. mei - ner lie - ben Mut - ter Grab.
2. ruht mein lie - bes Müt - ter - lein.
3. dei - ner Wai - se Lei - des thut.

Nr. 47. Mit dem Pfeil, dem Bogen.

Lebhaft. B. A. Weber.

1. Mit dem Pfeil, dem Bo - gen, durch Ge - birg und
2. Wie im Reich der Lüf - te Kö - nig ist der
3. Ihm ge - hört das Wei - te, was sein Pfeil er-

1. Thal kommt der Schütz ge - zo - gen früh am Mor-gen-strahl.
2. Weih': durch Ge - birg und Klüf- te herrscht der Schüt-ze frei.
3. reicht. Das ist sei - ne Beu - te, was da fleucht und kreucht.

Die Wiederholung pp

1—3. La la la la la la la la la la la la la la la la la.

Fr. v. Schiller.

Nr. 48. Der weiße Hirsch.

Mäßig geschwind. Volksweise.

1. Es gin = gen drei Jä = ger wohl auf die Birsch, sie
2. Sie leg = ten sich un = ter den Ta = nenbaum, da
Der Erste. 3. Mir hat geträumt, ich klopft' auf den Busch, da
Der Zweite. 4. Und als er sprang mit der Hun = de Ge = klaff, da
Der Dritte. 5. Und als ich den Hirsch auf der Er = de sah, da
6. So la = gen sie da und spra = chen die Drei, da
7. Und eh' die Jä = ger ihn recht ge = seh'n, so war

1. woll=ten er = ja = gen den wei = ßen Hirsch, sie woll=ten er=
2. hat = ten die Drei ei = nen selt=sa=men Traum, da hat=ten die
3. rausch = te der Hirsch her = aus, husch husch! da rausch = te
4. brannt' ich ihm auf das Fell, piff paff! da brannt' ich
5. stieß ich lu = stig in das Horn, tra = ra! da stieß ich lu=
6. rann = te der wei = ße Hirsch vor = bei. Da rann = te
7. er da = von ü = ber Tie = fen und Höh'n. So war er da=

Schluß.

1. ja = gen den wei = ßen Hirsch. 7. Husch husch! piff paff! tra = ra!
2. Drei ei = nen selt = samen Traum.
3. der Hirsch her = aus, husch husch!
4. ihm auf das Fell piff paff!
5. stig in das Horn tra = ra!
6. der wei = ße Hirsch vor = bei.
7. von ü = ber Tie = fen und Höh'n.

L. Uhland.

Nr. 49. Das Vöglein.

Nicht zu geschwind. F. A. Schulz.

1. Es zog durch Wald und Hain ein Jä-ger voll Be-
2. Ein Vög-lein sah er dort, das hieß er gern sein
3. Es war so selt-ner Art, er hat-te keins ge-
4. Und bei des Vög-leins Sang zer-schmolz er fast in
5. Doch fort auf ste-ter Flucht ent-wich's von Strauch zu
6. „Hah!“ rief er jetzt voll Wut: „Mußt den-noch mir ver-
7. Doch Vög-lein mit Ge-schick hob zei-tig sei-ne

1. ha-gen; er ging hin-aus, zu ja-gen im frü-hen Mor-gen
2. ei-gen da nah-te er den Zwei-gen, husch, war das Vög-lein
3. se-hen auf all' den Ber-ges-hö-hen, so lieb-lich und so
4. Freuden, nie hatt' in Wald und Hei-den ge-hört er sol-chen
5 Sträuchen, er konnt' es nie er-rei-chen, wie oft er's auch ver-
6. fallen!“ Vom Rohr drauf hört man's knallen, o weh – das galt dein
7. Schwingen, noch hört's der Jä-ger sin-gen: „A-de! ich bin das

1. schein, er ging hin-aus zu ja-gen im frü-hen Morgenschein.
2. fort. Da nah-te er den Zweigen, husch, war das Vöglein fort.
3. zart. Auf all' den Ber-ges-hö-hen so lieb-lich und so zart.
4. Klang. Nie hatt' in Wald und Hei-den ge-hört er sol-chen Klang.
5. sucht. Er konnt' es nie er-rei-chen, wie oft er's auch ver-sucht.
6. Blut! Vom Rohr drauf hört man's knallen, o weh—das galt dein Blut!
7. Glück!“ Noch hörts der Jä-ger sin-gen: „A-de! ich bin das Glück!“

J. N. Vogl.

Nr. 50. Im Wald und auf der Heide.

Lebhaft. Volksweise.

1. Im Wald und auf der Hei = de da such' ich mei = ne
2. So zieh' ich durch die Wäl = der, so eil' ich durch die
3. Wenn sich die Son = ne nei = get, der düst' = re Ne = bel

1. Freu = de, ich bin ein Jä = gers=mann. Den Wald und Forst zu
2. Fel = der wohl hin den gan = zen Tag; dann flie = hen mei = ne
3. stei = get, das Tag=werk ist ge = than, dann kehr' ich von der

1. he = gen, das Wildbret zu er = le = gen, das ist, was mir ge=
2. Stunden, gleich flüch=ti=gen Se = kun = den, eil' ich dem Wil = de
3. Hei = de zur häuslich stil=len Freu = de, ein fro = her Jä=gers=

f Die Wiederholung p

1. fällt, das ist, was mir ge = fällt. Hal = li hal=lo, hal=
2. nach, eil' ich dem Wil = de nach. Hal = li hal=lo, hal=
3. mann, ein fro = her Jä = gersmann. Hal = li hal=lo, hal=

1. li hal = lo, das ist, was mir ge = fällt!
2. li hal = lo, eil ich dem Wil = de nach.
3. li hal = lo, ein fro = her Jä = gers = mann.

W. Bornemann.

Nr. 51. Lenz und Turner.

Rasch.
F. Abt.
mf
1. Seht wie die Knos=pen sprie=ßen aus je = dem Zweig her=
2. Sieh' dort die Turn=ge = sel = len; auch sie treibt Frühlings=
3. Der Früh=ling in den Lan = den und star = ke Ju = gend=
1. aus, wie mur=melnd Quel=len flie = ßen aus ih = rem Mut=ter=
2. kraft; auch ih = re Glie=der schwel=len, wie Reb' im Len=zes=
3. kraft und Schild und Wehr bei Han=den ist, was uns glück=lich
mf
1. haus! So herz = lich fro = hes Le = ben, die Brust so frei, so
2. saft; so ü = ber Reck und Bar = ren wirkt das nicht fro = hen
3. macht. Wir rin = gen treu und bie = der für Gott und Va = ter=
1. weit: Das ist des Früh = lings Le = ben, das
2. Mut? Ihr wak = kern, rüst' = gen Scha = ren so
3. land und jauch = zen, sin = gen Lie = der vom
1 2
1. nur der Lenz ver = leiht. leiht.
2. bie = der, fromm und gut. gut.
3. Thal zu Ber = ges = rand. rand.

Nr. 52. Auf ihr Turner, frisch und frei.

Munter. H. Sattler.

1. Auf, ihr Tur = ner, frisch und frei, holt den
2. Al = = ler Tur = ner Sang und Klang tö = net
3. Wal = des = bäch = leins leich = ter Fall glänzt so
4. Son = nen = strahl und Wal = des = luft drin = gen
5. Drum, ihr Tur = ner frisch und frei, holt den

1. Wan = der = stab her = bei, zie = het aus mit
2. laut das Thal ent = lang, und der Vö = gel
3. rein uns wie Kri = stall, und sein mur = meln=
4. durch die Früh = lings = luft. Schön, ja schön, bist
5. Wan = der = stab her = bei, zie = het aus mit

1. leich = tem Sinn, rü = stig durch die Flur da = hin.
2. Chor er = schallt froh da = zu in Welt und Wald.
3. der Ge = sang la = det uns zu fri = schem Trank.
4. du, Na = tur! Al = les lebt auf wei = ter Flur.
5. leich = tem Sinn, rü = stig durch die Flur da = hin.

1—5. Tra = la = la, tra = la = la, tra = la = la, la, la,

1—5. tra = la = la, tra = la = la, tra = la = la, la, la.

Nr. 53. Auf, ihr Turner.

Bewegt. Stunz.

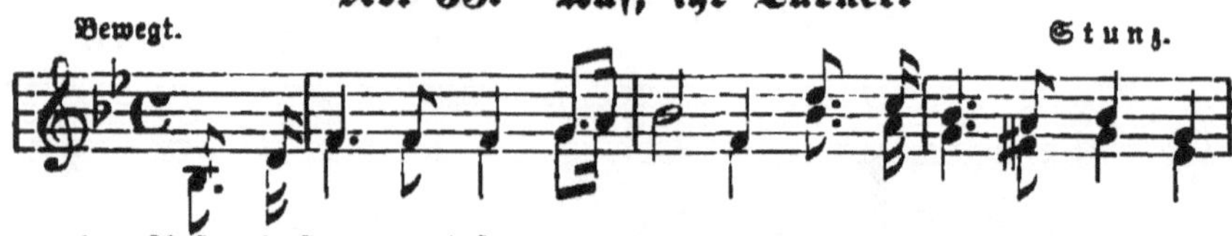

1. Auf ihr Tur-ner laßt uns wal - len in den ho - hen frei - en
2. Nicht um Beu - te zu er - ja - gen, zieh'n wir auf des Wil-des
3. Ja, was scheu den Weich-ling schrek-ket, Müh', Entbehrung und Ge-
4. Drum hin-auf die stei - len Hö - hen, drum hin - ab zur tief - sten

1. Wald! in der Ei - chen grü - nen Hal - len kräft' - ger
2. Spur; hin, wo grau - e Fel - sen ra - gen, geht's im
3. fahr, in uns rech - te Lust er - wek - ket, giebt uns
4. Schlucht, und in Flüs - sen und in See - en gleich dem

1. der Ge-sang er-schallt, in der Ei - chen grü-nen Hal - len
2. Lau - fe durch die Flur, hin, wo grau - e Fel - sen ra - gen,
3. Schwingen gleich dem Aar, in uns rech - te Lust er - wek - ket,
4. Fisch, das Ziel ge-sucht, und in Flüs-sen und in See - en

mf

1. kräft'-ger der Ge-sang er-schallt. Wo die munt'ren Vög-lein
2. geht's im Lau - fe durch die Flur! Ü - ben dort die Kraft der
3. giebt uns Schwingen gleich dem Aar. Denn wir Tur - ner wol - len
4. gleich dem Fisch das Ziel gesucht! Sinkt dann spät die Nacht her-

1. sin - gen, in dem schö - nen grü - nen Wald; laßt da
2. Glie - der prü - fen kühn den Mut der Brust, daß auf
3. wer - den nach der Vä - ter Ruhm im Streit, daß für
4. nie - der, zieh'n wir heim des Weg's ent - lang, la - ben

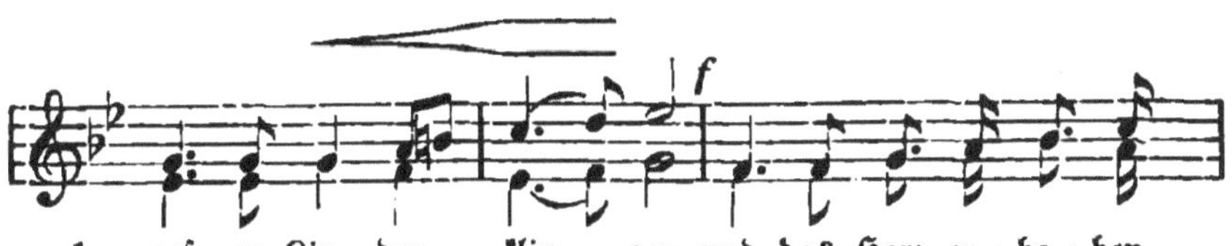

1. unſ = re Lie = der klin = = gen und das Herz er = he = ben
2. uns die Ah = nen nie = = der aus Wal=hal = la ſchaun mit
3. Recht u. Volk zu ſter = = ben je = der ſei mit Luſt be=
4. dort die mü = den Glie= = der froh bei friſchem Lie=der=

1. frei, laßt da un = ſ're Lie = der klin = = gen,
2. Luſt, daß auf uns die Ah = nen nie = = der,
3. reit, daß für Recht und Volk zu ſter = = ben,
4. klang, la = ben dort die mü = den Glie = = der,

1. klin = = = gen, ſich das Herz er = he = ben frei.
2. nie = = = der aus Wal = hal = la ſchaun mit Luſt.
3. ſter = = = ben, je = der ſei mit Luſt be = reit!
4. Glie = = der, froh bei fri = ſchem Lie = der = klang.

Nr. 54. Nur Übung ſtählt die Kraft.

Kräftig und ſchnell.

1. Nur Ü = bung ſtählt die Kraft; Kraft iſt was Le = ben
2. Des Le = bens Leid und Luſt trägt nur die ſtar = ke
3. Der Star = ke glüht von Mut, ſtets fröh = lich kreiſt ſein
4. Seht in der Ü = bung Spiel des Le=bens ern= ſtes

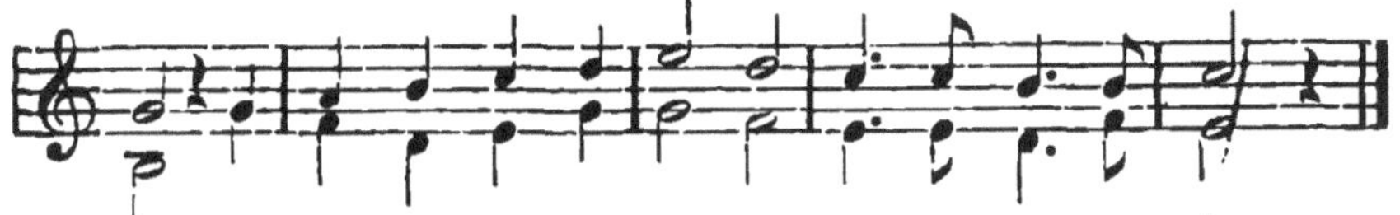

1. ſchafft, drum ringt mit Ernſt u. Fleiß, denn Le = ben iſt der Preis.
2. Bruſt; wer vol = le Kraft gewann, der iſt der rech = te Mann.
3. Blut, der Star = ke nim=mer zagt, der Weichling im = mer klagt.
4. Ziel; Nur Ü=bung ſtählt die Kraft, Kraft iſt's was Le = ben ſchafft.

Nr. 55. Turner ziehn froh dahin.

(Auch nach der Melodie Nr. 12.)

Marschmäßig. **Volksweise.**

1. Tur - ner ziehn, Tur-ner ziehn froh da - hin, wenn die Bäu-me
2. Graut der Tag, graut der Tag ins Ge-mach, dann ist auch der
3. Arm in Arm, Arm in Arm son-der Harm wan-dert fort der
4. Stur-mes-saus, Sturmessaus, Wet-ter-graus hält den Tur-ner

1. schwel - len grün, Wan - der - schaft streng und hart,
2. Tur - ner wach. Wird's dann hell, rasch und schnell
3. Tur - ner-schwarm. Weit und breit ziehn wir heut
4. nicht zu Haus. Fri - scher Mut rollt im Blut,

1. das ist Tur-ner - art; Tur - ner-sinn ist wohl - be-stellt,
2. ist er auf der Stell; ist zur Stund' am Sam - mel-ort,
3. bis zur A - bend-zeit; und der Tur - ner kla - get nie,
4. däucht ihm al - les gut; singt den lust' - gen Tur - ner-sang,

1. Tur - nern Wan-dern wohl - ge - fällt,
2. und dann ziehn die Tur - ner fort.
3. scheu - et nim - mer Wan - der - müh'.
4. hält sich frisch sein Le - ben-lang.

1—4. da - rum frei

1—4. Tur - ne - rei stets ge - prie - sen sei.

Maßmann.

Nr. 56. Turner Wanderlust.

Freudig. Volksweise.

1. Rasch steh'n wir vom La = ger auf,
2. Un = ten dam=pfen Thal u. Feld,
3. Da er = hebt sich hoch em=por,
4. Ju = belnd zo = gen frisch wir aus,

1—4. juchhei=di! juchhei=di!

1. stür=men fort im schnel=len Lauf,
2. o = ben glänzt des Wal=des Zelt,
3. aus dem vol = len Ju=gend=chor,
4. keh = ren jubelnd spät nach Haus.

1—4. juchhei = di, hei = da!

1. wenn der er = ste Strahl er=blinkt, er hin = aus ins Frei = e winkt,
2. und des Jä = gers erster Schuß bringt uns sei = nen Morgen=gruß,
3. fri = scher, fro= her Lie=dersang, recht aus in=ner'm Herzensdrang,
4. stark der Kör=per, froh die Brust, das macht un = s're Tur=ner = lust,

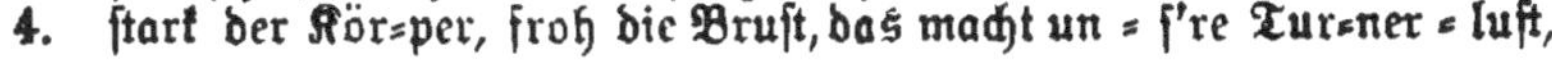

1—4. juch=hei = di, hei = di, hei = da, juch = hei = di, juch = hei = da,

1—4. juch=hei = di, hei = di, hei = da, juch = hei = di, hei = da.

Nr. 57. Exerzierlied.

(Beim Turnen.)

Ziemlich lebhaft. C. Schmid.

1. { Sol=da = ten=spiel ist un=s're Lust, tra=ra, tra=ra, tra=ra!
Kopf in die Höh'! Her=aus die Brust! — — —
2. { Der Be = ste der ist Ge = ne = ral, — — —
Der Stärk=ste un = ser Kor=po = ral! — — —

1. Und gleichen Schritt's geht's Mann für Mann, wenn je=der gut mar=
2. Wir an=dern thun das Un = s're auch, so ist es ja Sol=

1. schie=ren kann. Tra=ra, tra=ra, tra=ra! recht gut marschieren kann.
2. da = ten=brauch, tra=ra, tra=ra, tra=ra! Das ist Sol=daten=brauch.

Nr. 58. Wem Gott will rechte Gunst erweisen.

Munter. Th. Fröhlich.

1. Wem Gott will rech = te Gunst er = wei = sen, den
2. Die Bäch=lein von den Ber = gen sprin = gen, die
3. Den lie = ben Gott nur laß ich wal = ten; der

1. schickt er in die wei = te Welt, dem will er sei = ne Wun=der
2. Ler=chen ju=beln hoch vor Lust; wie sollt ich nicht mit ih = nen
3. Bäch=lein, Ler=chen, Wald u. Feld und Erd' und Him=mel will er=

1. wei = sen, in Berg und Wald und Strom und Feld.
2. sin = gen aus vol = ler Kehl' und fri = scher Brust?
3. hal = ten, hat auch mein' Sach aufs Best' be = stellt!

J. v. Eichendorff.

Nr. 59. Ein Sträußchen am Hute.

Mäßig. Volksweise.

1. Ein Sträußchen am Hu=te, den Stab in der Hand, zieht einsam der
2. Viel Blumen am We=ge, die sieht er da stehn, der Wandrer muß
3. Da sieht er ein Häuschen am Fel = sen ge=baut, von schat=ti = gen
4. Es bie = tet das Le = ben ihm manchen Ge=nuß, das Schicksal ge=
5. Doch tief in der'See = le da ruht ihm ein Hort, den riß ihm die

1. Wandrer von Land zu Land. Er sieht man=che Städ=te, er
2. ei = lend vor = ü = ber=gehn. Sie duf = ten so herr=lich, sie
3. Blu=men so herr=lich belaubt; da thut's ihm ge = fal = len, da
4. bie = tet dem straucheln=den Fuß. Da steht er am Gra = be und
5. Wel=le des Schicksals nicht fort: Verglüht auch das Le = ben ein

1. sieht man=chen Ort, doch fort muß er wie=der, muß wei = ter fort.
2. duf = ten so schön; doch fort muß er wie=der, muß wei = ter gehn.
3. sehnt er sich hin; doch fort muß er wie=der, muß wei = ter ziehn.
4. schau= et zu = rück, hat we = nig ge=nos = sen das ir=di=sche Glück.
5. trüg'=ri=scherSchein, er ruft voll Vertrau=en: „Die Zukunft ist mein."

Nr. 60. Der Wanderer in der Sägemühle.

Sanft. | Nach Fr. Glück.

1. Dort un - ten in der Müh - le saß ich in gu - ter
2. Sah zu der blan - ken Sä - - ge, es war mir wie ein
3. Die Tan - ne war wie le - - bend, in Trau-er - me - lo-
4. Du kehrst zur rech - ten Stun - de, o Wand'-rer bei mir
5. Du bist's, für den wird wer - den, wenn kurz, ge - wan-dert
6. Vier Bret-ter sah ich fal - - len, mir ward um's Herz so

1. Ruh' und sah dem Rä - der - spie - le und
2. Traum, die bahn - te lan - ge We - ge in
3. die durch al - le Fa - sern be - bend, sang
4. ein; du bist's, für den die Wun - de mir
5. du, dies Holz im Schoß der Er - den ein
6. schwer, ein Wört-lein wollt' ich lal - len, da

1. sah den Was-sern zu und sah dem Rä - der-
2. ei - nen Tan-nen - baum, die bahn - te lan - ge
3. die - se Wor - te sie, durch al - le Fa - sern
4. dringt ins Herz hin - ein, du bist's für den die
5. Schrein zu lan - ger Ruh', dies Holz im Schoß der
6. gin das Rad nicht mehr, ein Wört-lein wollt' ich

1. spie - - le und sah den Was - sern zu.
2. We - - ge in ei - nen Tan - nen - baum.
3. be - - bend, sang die - se Wor - te sie:
4. Wun - de mir dringt ins Herz hin - - ein.
5. Er - - den ein Schrein zu lan - ger Ruh.
6. lal - - len, da ging das Rad nicht mehr.

Justinus Kerner.

Nr. 61. Der alte Reiter an seinen Mantel.

Schrittmäßig.

1. Schier drei - ßig Jah - re bist du alt, hast manchen Sturm er-
2. Wir la - gen man - che lie-be Nacht, durchnäßt bis auf die
3. Ge - plau - dert hast du nimmermehr, du warst mir still und
4. Und mögen sie mich ver - spot - ten, du bleibst mir treu - er
5. Und wenn die letz - te Ku - gel kommt ins treu - e Herz hin-
6 Da lie - gen wir zwei bei - - de bis zum Ap - pel im

1. lebt; hast mich wie ein Bru - - der be - schüt - zet,
2. Haut; du al - lein, du hast mich er - wär - met,
3. treu; du warst ge - treu in al - len Stük - ken,
4. doch; denn, wo die Fet - zen 'run - ter han - gen,
5. ein; lie - ber Man - tel, laß dich mit mir be - gra - ben,
6. Grab. Der Ap-pell macht al - - les le - ben - dig,

1. und wenn die Ka - no - nen ge - blit - zet, wir
2. und was mein - Her - ze ge - här - met, das hab'
3. drum laß ich dich auch nicht mehr flik - ken, du,
4. sind die Ku-geln hin-durch ge - gan - gen, je - de
5. wei - ter will ich von dir nichts ha - ben; in
6. drum ist es auch ganz not - wen - dig, daß

1. zwei ha - ben nie - mals ge - bebt.
2. ich dir, Man - tel, ver - traut.
3. Al - ter, du wür - dest sonst neu.
4. Ku - gel macht' ein Loch.
5. dich hül - len sie mich ein.
6. ich mei - nen Man - tel hab'.

K. v. Holtey.

Nr. 62. Ich hatt' einen Kameraden.

Schrittmäßig. Volksweise.

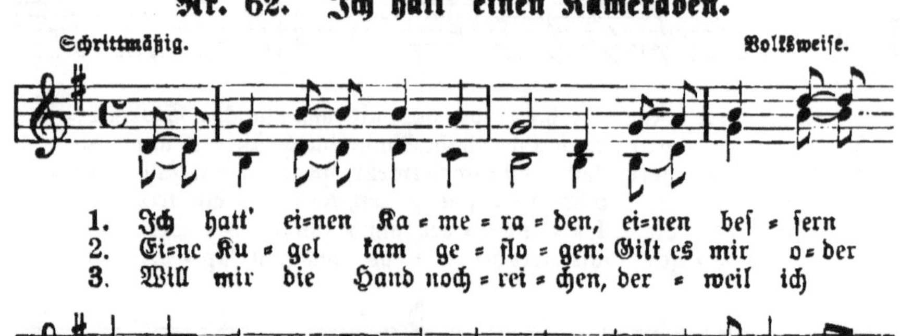

1. Ich hatt' ei=nen Ka = me = ra = den, ei=nen bes = sern
2. Ei=ne Ku = gel kam ge = flo = gen: Gilt es mir o = der
3. Will mir die Hand noch = rei = chen, der = weil ich

1. find'st du nit. Die Trom=mel schlug zum Strei = te, er
2. gilt es dir? Ihn hat es weg = ge = ris = sen, er
3. e = ben lad'. Kann dir die Hand nicht ge = ben, bleib'

1. ging an mei=ner Sei = te in glei=chem Schritt und
2. liegt mir vor den Fü = ßen, als wär's ein Stück von
3. du im ew'=gen Le = ben mein gu = ter Ka = me=

1. Tritt, in glei = chem Schritt und Tritt.
2. mir, als wär's ein Stück von mir.
3. rad, mein gu = ter Ka = me = rad.

L. Uhland.

Nr. 63. Wer will unter die Soldaten.

Schrittmäßig. Kücken.

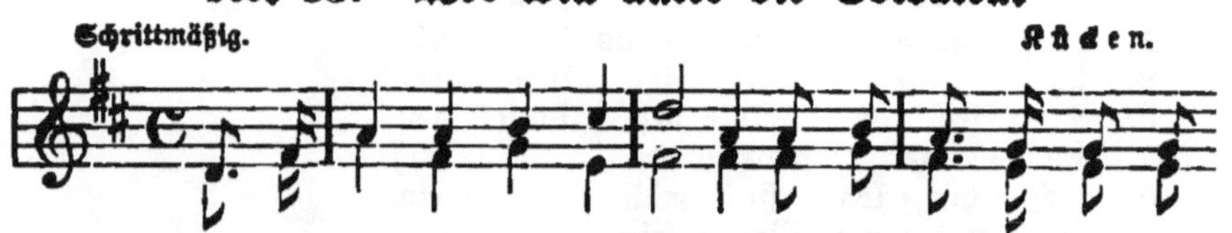

1. Wer will un = ter die Sol=da=ten, der muß ha = ben ein Ge=
2. Der muß an der lin=ken Sei=ten ei = nen schar=fen Sä=bel
3. Ei = nen Gaul zum Ga=lop = pie=ren und von Sil = ber auch zwei
4. Ei = nen Schnurrbart an der Na=sen, auf dem Ko = pfe ei = nen

1. wehr, der muß ha = ben ein Ge=wehr, das muß er mit Pul=ver
2. han, ei = nen schar=fen Sä = bel han, daß er, wenn die Fein=de
3. Sporn, u. von Sil = ber auch zwei Sporn, Zaum und Zü=gel zum Re=
4. Helm, auf dem Kop=fe ei = nen Helm, sonst, wenn die Trompe = ten
1. la = den und mit ei = ner Ku = gel schwer.
2. strei=ten, schie=ßen und auch fech = ten kann.
3. gie = ren, wenn er Sprün=ge macht im Zorn.
4. bla = sen, ist er nur ein ar = mer Schelm.
1—4. Büblein,
1—4. wirst du ein Re=krut, merk' dir die = ses Liedchen gut, hopp, hopp,
1—4. hopp, hopp, hopp, hopp, Pferdchen lauf, lauf Ga=lopp! Büb=lein,
1—4. wirst du ein Re = krut, merk' dir die = ses Lied=chen gut, Pferdchen
1—4. mun=ter, im = mer mun=ter im Ga = lopp —, hopp, hopp,
1—4. hopp, hopp, hopp, hopp, lauf Ga = lopp, hopp, hopp.

Nr. 64. Das Schwert.

Einfach und fest. Volksweise.

f

1. Zur Schmiede ging ein jun = ger Held, er hatt' ein
2. Der al = te Schmied den Bart sich streicht: „Das Schwert ist
3. „Nein, heut, bei al = ler Rit = ter = schaft! Durch mei = ne,

1. gu = tes Schwert be = stellt. Doch als er] wog in sei = ner
2. nicht zu schwer noch leicht, zu schwach ist eu = er Arm, ich
3. nicht durch Feu = ers=kraft." Der Jüngling spricht's, ihn Kraft durch=

1. Hand, das Schwert er viel [zu schwer er = fand.
2. mein, doch mor = gen soll ge = hol = fen sein."
3. dringt, das Schwert er hoch in Lüf = ten schwingt.

L. Uhland.

Nr. 65. Morgenrot. Morgenrot.

Getragen. Volksweise.

p

1. Mor = gen = rot, Mor=gen = rot, leuch=test mir zum frü=hen
2. Kaum ge = dacht, kaum ge = dacht, wird der Lust ein End' ge=
3. Ach, wie bald ach, wie bald schwindet Schönheit und Ge=
4. Da = rum still, da=rum still füg' ich mich wie Gott es

f

1. Tod! Bald wird die Trom=pe = te bla = sen, dann muß ich
2. macht. Ge=stern noch auf stol = zen Ros=sen, heu = te durch
3. stalt! Prahlst du gleich mit dei=nen Wan=gen, die wie Milch
4. will. Nun, so will ich wak=ker strei=ten, und sollt' ich

1. mein Le = ben laſ = ſen, ich und man=cher Ka = me = rad.
2. die Bruſt ge = ſchoſ = ſen, mor=gen in das küh = le Grab.
3. und Pur=pur pran = gen, ach die Ro = ſen wel = ken all'.
4. den Tod er = lei = den, ſtirbt ein bra = ver Rei=ters=mann.

W. Hauff.

Nr. 66. Nationalhymne.

Mäßig langſam. *Zwei= und dreiſtimmig. A. Lwoff.

Бо - же, Ца - ря хра - ни! Сильный, Державный,

царствуй на сла - ву, на сла - ву намъ!

царствуй на страхъ вра - гамъ, Царь пра - во-

слав-ный! Бо - же, Бо - же, Ца - ря хра - ни!

*) Die kleinen Noten werden beim zweiſtimmigen Geſange benutzt.

Nr. 67. Ach, wie wär's möglich denn.

Mäßig. | An die Vaterstadt. | Lud. Böhner.

1. Ach, wie wär's mög=lich denn, daß ich ver = ges = sen könnt'
2. Oft in der stil = len Nacht hab' ich an dich ge=dacht,
3. Dort, wo am Dü = na=strom wei = set der stol = ze Dom

1. dich, lie = bes Hei=mat=land am Ost = see = strand! Rau=schen=der
2. du lie = be Va = ter=stadt in wei = ter Fern! Wo mei=ner
3. die Blik=ke him=melwärts, dort weilt mein Herz! Wo = ge an

1. Tan = nen=wald, schau ich dich wie = der bald? Dir ruf' den
2. Kind=heit Glück blüh = te, o kehr zu = rück hier in dem
3. Wo = ge zieht, ihr tra = get hin das Lied, das ich der

1. Gruß ich zu aus Her = zens Grund.
2. frem = den Land mir noch im Traum!
3. Hei = mat sang in treu = em Sinn.

F. Steinfelder.

Nr. 68. Die Lore-Lei.

Langsam. | Zwei= und dreistimmig. | F. Silcher.

1. Ich weiß nicht was soll es be = deu = ten, daß
2. Die schön = ste Jung = frau sit = zet dort
3. Den Schif = fer im klei = nen Schif = fe er

1. ich so trau = rig bin; Ein Mährchen aus ur=al = ten
2. o = ben wun = der = bar; ihr gold'=nes Ge=schmei = de
3. greift's mit wil=dem Weh'; er schaut nicht die Fel = sen=

p

1. Zei=ten, das kommt mir nicht aus dem Sinn. Die
2. blit=zet, sie kämmt ihr gol = de = nes Haar; sie
3. rif = fe, er schaut nur hin = auf in die Höh'. Ich

1. Luft ist kühl und es dun = kelt, und
2. kämmt es mit gol = de = nem Kam = me und
3. glaube die Wel = len ver = schlin = gen am

1. ru = hig fließt der Rhein, — — der Gip = fel des
2. singt ein Lied da = bei, — — das hat ei = ne
3. En = de Schiffer und Kahn, — — und das hat mit

1. Ber = ges fun = kelt im A = bend=son = nen = schein.
2. wun = der=sa = me ge=walt'=ge Me = lo = dei.
3. ih = rem Sin = gen die Lo = re = Lei ge = than.

H. Heine.

Nr. 69. So leb' denn wohl.

Innig. Volksweise.

1. So leb' denn wohl, du stil = les Haus ich zieh be=
2. So leb' denn wohl, du schö = nes Land in dem ich
3. So leb' denn wohl, mein trau=ter Freund und wenn die

1. trübt von dir hin = aus; ich zieh' be = trübt und trau=rig
2. ho = he Freu = den fand; du zogst mich groß, du pfleg=test
3. Son=ne nicht mehr scheint, so denk ich oft an dich zu=

1. fort, noch un = be = stimmt an wel = chen Ort.
2. mein und nim = mer = mehr ver = geſſ' ich dein.
3. rück, denn du warst stets mein größ = tes Glück.

Nr. 70. Heut muß geschieden sein.

Gehalten. Volksweise.

p
dim. pp
1. Heut muß ge = schie = den sein, Hei = mat, a = de!
2. Dein auch im fer = nen Land, Hei = mat, a = de!
3. Die mir so vie = les gab, Hei = mat, a = de!
p p dim. pp

1. Tau = send = mal denk' ich dein, Hei = mat, a = de!
2. bleib ich mit Herz und Hand! Hei = mat, a = de!
3. reicht mir den Wan = der = stab; Hei = mat, a = de!

rit.
1. Dei=ner in Lust und Scherz, bei=ner in Ernst und Scherz,
2. Hö=her, als Gut und Geld, preis' ich in al=ler Welt,
3. Trennt uns auch Land und Meer, ist mir das Herz so schwer,
f
pp rit.
1. denkst stets mein treu=es Herz; Hei=mat, a=de!
2. hei=mat=lich Haus und Feld; Hei=mat, a=de!
3. denk' ich der Wie=der=kehr; Hei=mat, a=de!
Nr. 71. Im schönsten Wiesengrunde.
Ruhig.
Volksweise.
p
1. Im schön=sten Wie=sen=grun=de ist mei=ner Hei=mat
2. Muß aus dem Thal jetzt schei=den wo al=les Lust und
3. Sterb' ich,—im Tha=les Grun=de will ich be=gra=ben
mf
1. Haus; da zog ich man=che Stun=de ins Thal hin=
2. Klang; das ist mein herb=stes Lei=den, mein letz=ter
3. sein; singt mir zur letz=ten Stun=de beim A=bend
p
mf
1. aus. Dich, mein stil=les Thal, grüß' ich tau=send=mal! Da
2. Gang. Dich, mein stil=les Thal, grüß' ich tau=send=mal! Das
3. schein; dir o stil=les Thal, Gruß zum letz=ten Mal! Singt
1. zog ich man=che Stun=de ins Thal hin=aus.
2. ist mein herb=stes Lei=den, mein letz=ter Gang.
3. mir zur letz=ten Stun=de beim A=bend=schein.

Nr. 72. Abschied von der Heimat.

Wehmütig.
Volksweise.
1. Thränen hab' ich vie = le, vie = le ver = gos = sen, daß ich
doch mein lie = ber Va = ter hat es be = schlos = sen, aus der
2. Le = bet wohl, ihr mei = ne Ro = sen im Gar = ten und ihr
darf euch jetzt nicht wei = ter pfle = gen und war = ten, denn es
3. Le = bet wohl, ihr grü = nen blu = mi = gen Fel = der, wo ich
Le = bet wohl, ihr Bü = sche, Lau = ben und Wäl = der, wo ich
4. Le = be wohl, so ruf ich trau = rig her = nie = der, ruf's vom
Hei = mat, Hei = mat! seh' ich nim = mer dich wie = der! seh' ich
1. schei - den muß von hier;
Hei = mat wan = dern wir.
2. mei = ne Blü = me = lein.
muß ge = schie = den sein.
3. man = ches Sträuß = chen band!
küh = len Schat = ten fand!
4. Berg hin = ab ins Thal.
dich zum letz = ten Mal!
Hei = mat, heu = te wan =
Lie = ben Blüm = lein, weint
Berg und Thä = ler, stil =
Dun = kel wird es rings
1. dern wir heut' auf e = wig von dir.
2. mit mir heu = te scheid' ich von hier.
3. le Au'n, werd' euch nimmer mehr schau'n!
4. um = her, und mein Herz ist so schwer.
Drum, a = de, so le = bet
1—4. wohl! drum, a = de, a = de, a = de! Drum, a =
1—4. de, a = de, a = de! Drum, a = de so le = bet wohl!
Hoffmann v. Fallersleben.

Nr. 73. Traute Heimat.

Wehmütig. Righini.

1. Trau - te Hei - mat mei - ner Lie - ben, sinn' ich
2. O so teu - re Bil - der schwe-ben aus der
3. Dort das Haus im Obst - baum - hai - ne, wo an
4. Gar - ten, Feld und Wald, ihr Flu - ren, wo der
5. Ach! wohl Vie - le von den Al - len, die mir
6. Möcht' auch ich einst zwi - schen ih - nen ru - hen

1. still an dich zu - rück, wird's mir wohl und den - noch
2. Fer - ne zu mir her, und das sü - ße Ju - gend-
3. Mut-ter - brust ich lag, da die Wie - sen und der
4. Kna - be gern ver - weilt, o, wie sucht der Mann die
5. dort die Lie - be gab, schla - fen schon und Blü - ten
6. in der Hei - mat Schoß! Schö-ner ruht sich's dort im

1. trü - ben Sehn-suchts-thrä - nen mei - nen Blick, Sehn - suchts-
2. le - ben, wie er - götzt mich's noch so sehr, wie er-
3. klei - ne dicht mit Laub um - kränz - te Bach, dicht mit
4. Spu-ren, wenn zu euch die Sehn-sucht eilt, wenn zu
5. fal - len von den Lin - den auf ihr Grab, von den
6. Grü-nen, sü - ßer un - ter ih - rem Moos, sü - ßer

1. thrä - nen mei - nen Blick.
2. götzt mich's noch so sehr.
3. Laub um - kränz - te Bach.
4. euch die Sehn - sucht eilt.
5. Lin - den auf ihr Grab.
6. un - ter ih - rem Moos.

Nr. 74. Nun ade, du mein lieb' Heimatland.
Mäßig bewegt.
Zwei- und dreistimmig.
Volksweise.
p
1. Nun a - de, du mein lieb' Hei - mat - land, lieb'
Es geht jetzt fort zum frem - den Strand, lieb'
2. Wie du lachst mit dei - nes Him - mels Blau, lieb'
Wie du grü - ßest mich mit Feld und Au, lieb'
3. Be - glei - test mich, du lie - ber Fluß, lieb'
Bist trau - rig, daß ich wan - dern muß, lieb'
p
cresc.
1. Hei - mat - land, a - de! Und so sing' ich denn mit
2. Hei - mat - land, a - de! Gott weiß, zu dir steht
3. Hei - mat - land, a - de! Vom moos'-gen Stein am
p
1. fro-hem Mut, wie man sin - get, wenn man wan-dern thut, lieb'
2. stets mein Sinn, doch jetzt zur Fer - ne zieht's mich hin, lieb'
3. wald'gen Thal, da grüß ich dich zum letz - ten Mal, mein
pp
A. Disselhof.
1—3. Hei - mat - land, a - de!
Nr. 75. O wie lieblich ist's im Kreis.
Fröhlich, aber nicht zu schnell.
A. Hofmeister.
1. O wie lieb-lich ist's im Kreis fro - her Bie - der-
2. Steht des Glückes Wet - ter - glas nicht nach un - serm
3. O wie laut be - zeu - get dies un - ser Kreis, ihr
4. Wie das ist, wo - her das kommt, o wer mag es
5. O der gu - te Mit - tel - mann wä - re zu be-
6. Nein, ihr Her-ren un - sre Brust ist die war - me
7. Die - se Quel-le soll uns nie stok - ken noch er-

1. leu - te! Welt u. Mensch gewinnt da - rin ei - ne bess're
2. Wil - len, thun uns bö - se Menschen weh, schwirrt der Kopf voll
3. Brü - der, Man-cher kam be-trübt u. ging fro - hen Sin-nes
4. sa - gen! Wol - len doch die gro-ßen Herrn mit Er - laub - niß
5. kla - gen, kä - me Freud' u. Fröh-lich-keit nur aus Gaum u.
6. Quel - le, draus die Freu - de uns entspringt, ach so voll und
7. kal - ten: Wol - len stets, was an uns ist, Fried' u. Freundschaft
1. Sei - te, und das gan - ze Le - bens - bild
2. Gril - len, triefst die Stirn von Ar - beits-schweiß,
3. wie - der: und aus sei - ner Hei - ter - keit,
4. fra - gen: macht's ein ste - tes Spei - se - mahl,
5. Ma - gen: doch am schma-len Ti - sche hier
6. hel - le! daß sie rauscht in Lieb' und Schmerz
7. hal - ten, wol - len le - ben und uns freu'n,
1. wird so herr - lich, wird so mild, je - der muß es
2. hur - tig nur zum Freundschaftskreis! wird sich al - les
3. wär's als schö - pfe un - sre Freud' im - mer neu - es
4. thut der schäu - men - de Po - kal sol - che gro - ße
5. le - ben drei - mal fro - her wir, als die rei - chen
6. und in je - des Bru - der - herz Lust und Lie - be
7. hel - fen, för - dern, dienst - lich sein, ja! da - bei soll's
1. lie - ben, je - der muß es lie - ben.
2. ge - ben, wird, sich al - les ge - ben.
3. Le - ben, im - mer neu - es Le - ben.
4. Din - ge, sol - che gro - ße Din - ge.
5. Schwelger, als die rei - chen Schwel-ger.
6. strö - met, Lust und Lie - be strö - met. —
7. blei - ben, ja da - bei soll's blei - ben.

Jäger.

Nr. 76. Über die Wogen hin.

Munter.

1. Ü = ber die Wo=gen hin streicht un = ser Kahn!
2. Seht, wie die Schwäne ziehn ruh = ig und stolz,
3. Wo = gen und Le=bensdrang macht uns nicht bang!
4. He = bet die Ru = der frisch, peit = schet die Flut!
5. Hü = pfet durchs Le = ben hin, wie un = ser Kahn!

1. Un = ten des Him=mels Blau, rings=um die grü = ne Au!
2. tei = len mit fro = hem Mut si = cher die blau = e Flut.
3. Plätschern die Wel = len so, schlägt uns das Herz so froh,
4. heut sei das Her = ze frei a = ber der Tu=gend treu!
5. Im=mer mit fro = hem Sinn, Froh=sinn ist Hoch = ge = winn.

1. Ü = ber die Wo=gen hin streicht un = ser Kahn.
2. Seht wie die Schwäne ziehn ru = hig und stolz.
3. Wo = gen und Le = bensdrang macht uns nicht bang.
4. He = bet die Ru = der frisch, peit = schet die Flut.
5. Hü = pfet durchs Le = ben hin, wie un = ser Kahn.

Nr. 77a. Der gute Reiche.

1. An ei = nem Fluß, der rau = schend schoß, ein

1. ar = mes Mäd=chen saß, aus ih = ren blau = en

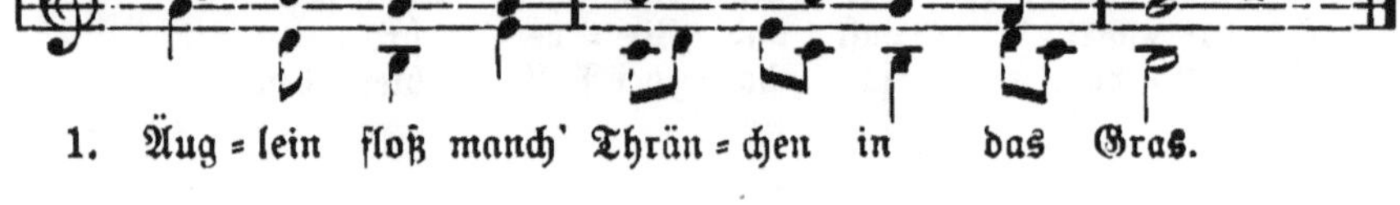

1. Äug = lein floß manch' Thrän = chen in das Gras.

Nr. 77b.

2. Sie wand aus Blüm - chen ei - nen Strauß und
3. Ein rei - cher Herr ge - gan - gen kam und
4. „Was feh - let, lie - bes Mäd - chen, dir? was
5. „Ach, lie - ber Herr!“ sprach sie und sah mit
6. „Denn sieh! dort je - ne Ra - sen - bank ist
7. „Der wil - de Strom riß ihn da - hin, mein
8. „Nun ich im Wai - sen - hau - se bin, und
9. „Sollst nicht mehr wei - nen, lie - bes Kind! ich
10. Er that's und nahm sie in sein Haus der
11. Sie aß an sei - nem Tisch und trank aus

2. warf ihn in den Strom. Ach, gu - ter Va - ter,
3. sah des Mäd-chens Schmerz, sah ih - re Thrä - nen,
4. wei - nest du so früh? sag dei - ner Thrä - nen
5. trü - bem Aug' ihn an: „Du siehst ein ar - mes
6. mei - ner Mut - ter Grab; und ach, vor we - nig
7. Bru - der sah's und sprang ihm nach; da faßt der
8. wenn ich Rast - tag hab', schlüpf' ich zu die - sem
9. will dein Va - ter sein: du hast ein Herz, das
10. gu - te rei - che Mann, zog ihr die Trau - er-
11. sei - nem Be - cher satt. — Du, gu - ter Rei - cher,

2. rief sie aus, ach, lie - ber Bru - der, komm!
3. ih - ren Gram, und dies brach ihm das Herz.
4. Ur - sach' mir: kann ich, so heb' ich sie.“
5. Mäd-chen da, dem Gott nur hel - fen kann.
6. Ta - gen sank mein Va - ter hier hin - ab.
7. Strom auch ihn, und ach, auch er er - trank!
8. Flus - se hin, und wei - ne mich recht ab.“
9. es ver-dient, du bist so fromm und fein.“
10. klei - der aus, und zog ihr schön' - re an.
11. ha - be Dank für dei - ne ed - le That!

Kaspar Friedrich Lossius.

Nr. 78. Der rote Sarafan.

Warmaloff.
Russische Volksweise.

Näh' nicht lie = bes Müt = ter = lein, am ro = ten Sa = ra=

fan, las = se nur die Ar=beit ru = hen, die nichts nüt=zen

kann. { Toch=ter, gu = te Toch=ter, setz' dich her zu mir,
Wenn du fröh=lich sin=gest wie ein Vö = ge = lein }

bleibst nicht im=mer jung, die Zeit, die eilt mit dir.
und die Blu=men schlin=gest, e = wig kann's nicht sein.

Zei = ten wer=den kom = men, wo die Lust ent = flieht,

wo die Glut der Wan = gen ei = lend von dir zieht,

wo die Glut der Wan = gen ei = lend von dir zieht.

Ich auch hab, ge = sun = = = = gen, doch nur all = zu = bald,

ist mein Lied ver = klung = gen und nun bin ich alt.

doch ich denk' der Ju = gend = lie = der, seh, ich, Kind, dich

an, zur Er = inn = rung näh' ich wie = der

ro = ten Sa = ra = fan.

Nr. 79. Was frag ich viel nach Geld und Gut.

Mäßig bewegt. Neefe.

1. Was frag' ich viel nach Geld und Gut, wenn ich zu = frie=den
Giebt Gott mir nur ge = sun = des Blut, so hab' ich fro=hen
2. So mancher schwimmt im Ü = ber = fluß, hat Haus u. Hof und
und ist doch im=mer voll Ver = druß und freut sich nicht der
3. Da heißt die Welt ein Jammer = thal u. däucht mir doch so
hat Freu=den oh = ne Maß und Zahl, läßt kei = nen leer aus=
4. Und uns zu Lie = be schmücken ja sich Wie=sen, Berg u.
und Vög=lein sin=gen fern und nah, daß al = les wie=der
5. Und wenn die gold'=ne Sonn' auf=geht und gol = den wird die
wenn al = les in der Blü = te steht und Äh = ren trägt das
6. Dann prei = se ich und lo = be Gott u. schweb' in fro = hem
und denk': es ist ein lie = ber Gott u. meint's mit Menschen

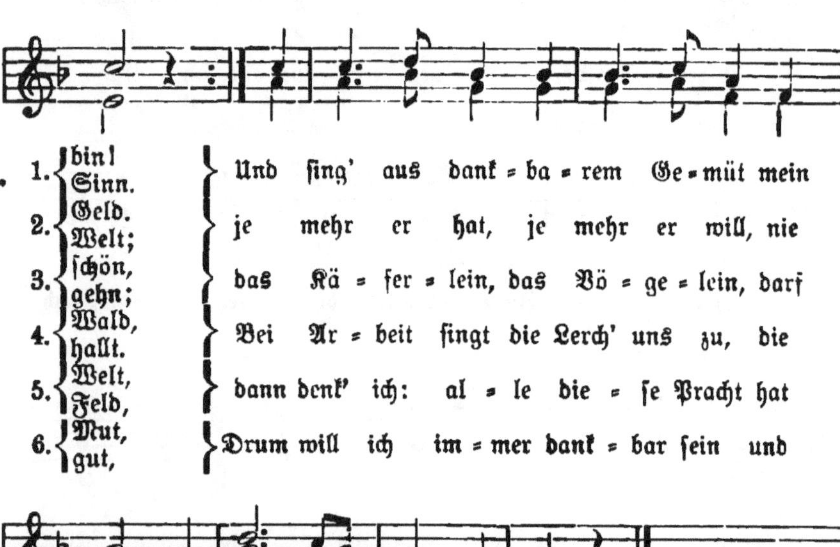

1. bin! Sinn. — Und sing' aus dank = ba = rem Ge = müt mein
2. Geld. Welt; — je mehr er hat, je mehr er will, nie
3. schön, gehn; — das Kä = fer = lein, das Vö = ge = lein, darf
4. Wald, hallt. — Bei Ar = beit singt die Lerch' uns zu, die
5. Welt, Feld, — dann denk' ich: al = le die = se Pracht hat
6. Mut, gut, — Drum will ich im = mer dank = bar sein und

1. Mor = gen= und mein A = bend = lied.
2. schwei=gen sei = ne Kla = gen still.
3. sich ja auch des Mai = en freu'n.
4. Nach = ti = gall bei sü = ßer Ruh.
5. Gott zu mei = ner Lust ge = macht.
6. mich der Gü = te Got = tes freu'n.

Nr. 80. Ewiger Wechsel.

Fröhlich.
F. H. Himmel.
1. Es kann ja nicht im = mer so blei = ben hier
2. Es ha = ben viel fröh = li = che Men = schen lang
3. Es wer = den viel fröh = li = che Men = schen lang
4. Wir sit = zen so fröh = lich bei = sam = men und
5. Doch weil es nicht im = mer kann blei = ben, so
6. Und sind wir auch fern von ein = an = der, so
7. Und kom=men wir wie = der zu = sam = men, auf
1. un = ter dem wech=seln=den Mond; — — es blüht ei = ne
2. vor uns ge = lebt und ge = lacht; — — den Ru = hen = den
3. nach uns des Le = bens sich freun, — — uns Ru = hen = den
4. ha = ben uns al = le so lieb, — — er = het = tern ein=
5. hal = tet die Freu = de recht fest; — — Wer weiß denn, wie
6. blei = ben die Her = zen sich nah, — — und Al = le, ja
7. wech=seln=der Le = bens = bahn, — — so knü = pfen ans
1. Zeit und ver = wel = ket, was mit uns die Er = de be=
2. un = ter dem Ra = sen sei freund = lich ein Be = cher ge=
3. un = ter dem Ra = sen den Be = cher der Fröh=lich=keit
4. an = der das Le = ben; ach wenn es doch im = mer so
5. bald uns zer = streu = et, das Schick = sal nach Ost und nach
6. Al = le wird's freu = en wenn ei = nem was Gu = tes ge=
7. fröh = li = che En = de den fröh = li = chen An=fang wir
1. wohnt, — was mit uns die Er = de be = wohnt.
2. bracht! — sei freund=lich ein Be = cher ge = bracht!
3. weihn, — den Be = cher der Fröh = lich = keit weihn.
4. blieb! — ach wenn es doch im = mer so blieb!
5. West! — das Schick=sal nach Ost und nach West!
6. schah. — wenn ei = nem was Gu = tes ge = schah.
7. an! — den fröh = li = chen An = fang wir an!
August Friedrich Ferdinand v. Kotzebue.

Nr. 81. Lied der Freundschaft.

Mäßig. J. Gersbach.

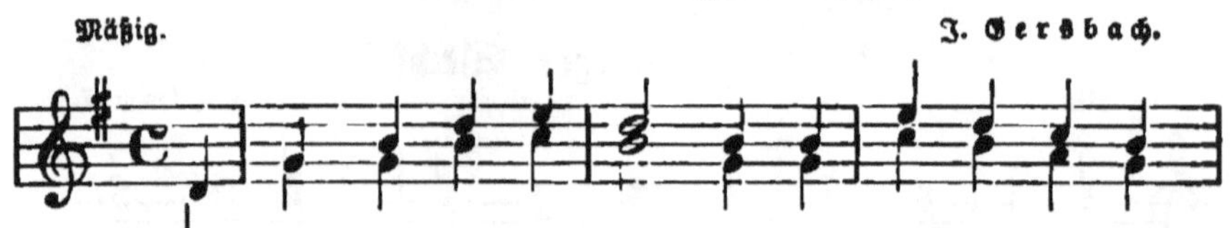

1. Der Mensch hat nichts so ei - gen, so wohl steht ihm nichts
2. Die Red' ist uns ge - ge - ben, da - mit wir nicht al-
3. Was kann die Freu-de ma - chen, die Ein-sam - keit ver-
4. Gott ste - het mir vor Al - len, die mei - ne See - le
5. Ich hab', ich ha - be Her - zen, so treu - e, wie ge-

1. an, als das er Treu' er - zei - gen und Freundschaft hal-ten
2. lein, für uns nur sol - len le - ben und fern von Leu-ten
3. hehlt? Das giebt ein dop-pelt La - chen, was Freun-den wird er-
4. liebt: dann soll mir auch ge - fal - len, der mir sich herz-lich
5. bührt, die Heu -che - lei und Schmer-zen nie wis - sent - lich be

1. kann; wann er mit sei - nes Glei - chen soll
2. sein: wir sol - len uns be - fra - gen und
3. zählt. Der kann des Leids sich weh - ren, der
4. giebt. Mit die - sen Bunds - ge - sel - len ver-
5. rührt! Ich bin auch ih - nen wie - der von

1. tre - ten in ein Band, ver - spricht sich, nicht zu
2. sehn auf gu - ten Rat, das Leid ein - an - der
3. es von Her - zen sagt; der muß sich selbst ver-
4. lach' ich Pein und Not, geh' auf den Grund der
5. Grund der See - len hold; ich lieb' euch mehr, ihr

1. wei = chen, mit Her = zen, Mund und Hand.
2. kla = gen, so uns be = tre = ten hat.
3. zeh = ren, der in ge = heim sich nagt.
4. Höl = len, und bre = che durch den Tod.
5. Brü = der, als al = ler Er = den Gold!

Simon Dach.

Nr. 82. Die Waisenkinder.

Lett. Volksweise.

1. Horch, was sin = get spät am A = bend,
2. Und am war = men Feu = er rin = nen
3. Son = ne legt zu spä = ter Stun = de
4. Son = ne, sag uns, wie so lan = ge

1. wenn die lie = be Son = ne fern? Ar = me Wai = sen=
2. ih = re Thrä=nen voll und hell, bit = tern Bro = des,
3. nie = der sich ins gold' = ne Boot; Und das gold' = ne
4. säumst du heut am Ru = he = ort? „Ar = me Wai = sen

1. Kin = der sin = gen, fröh = nend ih = rem har = ten Herrn.
2. har = te Rin = de, net = zen sie im küh = len Quell.
3. Böt = chen schau=kelt, steht sie auf um's Mor = gen = rot.
4. mußt ich wär=men, hin = ter grü = nem Hü = gel dort!

Nr. 83. Der Freundschaft ew'ge Dauer.

Sehr mäßig und sanft. Volksweise, von Karl Gottlob König.

1. Nicht bloß für die - se Un - ter - welt schlingt sich der
2. Dort, wo der Freundschaft Ur - quell ist, nichts un - ser
3. Dort wird der Freundschaft ho - her Wert, den du und
4. Ver - wand - te See - len lie - ben sich zwar hier schon
5. Sieh', wie die letz - te Stun - de eilt; schon tönt ihr
6. Wenn sie nun mei - nem Blick er - scheint, wenn sie von
7. Dann soll für dich mein letz - ter Blick, mein letz - ter
8. Wie hei - lig macht uns das die Pflicht, wie En - gel
9. Komm, sel' - ger Trost vom Wie - der - sehn, auch ü - ber

1. Freund-schaft Band; wenn einst der Vor - hang
2. Au - ge trübt, wo sich das vol - le
3. ich em - pfand, von En - geln Got - tes
4. un - ver - stellt; doch rei - ner noch als
5. dum - pfer Schlag! sie kommt, sie eilt, die
6. dir mich trennt, wenn ü - ber mich dein
7. Hauch noch flehn; dann trö - stet mich das
8. um - zu - gehn; daß wir, wenn un - ser
9. uns her - ab, und wenn wir Freun - de

1. nie - der - fällt, wird erst ihr Wert er - kannt.
2. Herz er - gießt, und e - wig, e - wig liebt.
3. selbst ver - ehrt; dort ist ihr Va - ter - land.
4. du und ich in je - ner bes - sern Welt.
5. nim - mer weilt, und Grau - en folgt ihr nach.
6. Au - ge weint, und mein's dich kaum noch kennt:
7. gro - ße Glück vom fro - hen Wie - der - sehn.
8. Au - ge bricht, uns e - wig wie - der - sehn.
9. schei - den sehn, wisch un - s're Thrä - nen ab!

Christoph Georg Ludwig Meister.

Nr. 84. Üb' immer Treu und Redlichkeit.

Mäßig. Mozart.

1. Üb' im - mer Treu u. Red - lich - keit bis an dein küh - les
2. Dann wirst du wie auf grü - nen Au'n, durchs Pilger - le - ben
3. Dann wird die Si - chel und der Pflug in dei - ner Hand so
4. Dem Bö - se - wicht wird al - les schwer, er thu - e, was er
5. Der schö - ne Frühling lacht ihm nicht, ihm lacht kein Äh - ren-
6. Der Wind im Hain, das Laub am Baum saust ihm Ent - set - zen
7. Drum ü - be Treu u. Red - lich - keit bis an dein küh - les
8. Dann seg - nen En - kel dei - ne Gruft und wei - nen Thrä - nen

1. Grab, und wei - che kei - nen Fin - ger breit von
2. gehn: dann kannst du son - der Furcht und Grau'n dem
3. leicht; dann sin - gest du beim Was - ser - krug, als
4. thu'; das La - ster treibt ihn hin und her, und
5. feld; er ist auf Lug und Trug er - picht, und
6. zu; er fin - det, nach des Le - bens Traum, im
7. Grab, und wei - che kei - nen Fin - ger breit von
8. drauf; und Som - mer - blu - men voll von Duft, blüh'n

1. Got - tes We - gen ab!
2. Tod ins Ant - litz sehn.
3. wär' dir Wein ge - reicht.
4. läßt ihm kei - ne Ruh'.
5. wünscht sich nichts als Geld.
6. Gra - be kei - ne Ruh'.
7. Got - tes We - gen ab!
8. aus den Thrä - nen auf.

Hölty.

Nr. 85. Freut euch des Lebens.

Munter. Alle.
H. G. Nägeli.
1—5. Freut euch des Le = bens, weil noch das Lämp=chen glüht;
Fine.
1—5. pflük = ket die Ro = = se, eh' sie ver = blüht.
Einzelne.
1. Man schafft so gern sich Sorg' und Müh', sucht
2. Wenn scheu die Schöp = fung sich ver = hüllt und
3. Wer Neid und Miß = gunst sorg = sam flieht und
4. Wer Red = lich = keit und Treu = e übt und
5. Und wenn der Pfad sich furcht = bar engt und
1. Dor=nen auf und fin = det sie und läßt das Veil = chen
2. laut der Don = ner uns umbrüllt, so lacht am A = bend
3. G'nügsam=keit im Gärtchen zieht, dem schießt sie schnell zum
4. gern dem är = mern Bru = der giebt, da sie = delt sich Zu=
5. Miß = ge = schick uns plagt u. drängt, so reicht die Freundschaft
Da capo.
1. un = be = merkt, das uns am We = ge blüht.
2. nach dem Sturm die Son = ne, ach, so schön.
3. Bäum=chen auf, das gold'= ne Früch = te trägt.
4. frie = den=heit so ger = ne bei ihm an.
5. schwe=ster = lich dem Red = li = chen die Hand.
H. M. Usteri.

Nr. 86. Lob der Sänger.

Munter. Volksweise.

mf

1. Da bin ich gern, wo fro = he Sän=ger wei = len und munt'rer
2. Da bin ich gern, wo Scherz des Le=bens Pla = ge verscheucht und
3. Da bin ich gern, wo Freun=de treu und bie = der zum Gruß sich

1. Sang im Chor er=klingt; die fro = hen Stunden rasch vor = ü = ber
2. fro = he Lau = ne bringt, wo lei = se nur im Lie = de tönt die
3. drük=ken warm die Hand, und wo durch Har = mo = nie beim Klang der

1. ei = len und je = de neu = e Freu = de bringt.
2. Kla = ge und un=term Sai=ten=spiel er = klingt.
3. Lie = der sich fe = ster knüpft der Treu = e Band.

Bei munter'm Sang

1-3. da fühlt sich froh be=wegt das Herz, bei Lie=der=klang schon halb ge=

1-3. heilt ist je = der Schmerz. Drum bin ich gern, wo fro = he Sän=ger

1-3. wei = len und mun = t'rer Sang im Chor er=klingt!

Nr. 87. Gesang verschönt das Leben.

Mäßig geschwind. F. Schmiedt.

1. Ge - sang ver - schönt das Le - - ben, Ge-
2. Die Vö - gel al - le sin - - gen ein
3. Wohl-auf denn, laßt uns sin - - gen den
4. Ein Lied dem Freund-schafts - ban - - de, das

1. sang er - freut das Herz; ihn hat uns Gott ge-
2. lieb - lich Man - cher - lei; sie flat - tern mit den
3. mun-tern Vö - geln gleich, laßt All' ein Lied er-
4. uns zu - sam - men hält, dem teu - ren Va - ter-

1. ge - ben, zu lin - dern Sorg' und Schmerz.
2. Schwingen und le - ben froh und frei.
3. klin - gen, an Lieb' und Freu - de reich!
4. lan - de, der gan - zen Men - schen - welt!

Nr. 88. Stimmt an mit hellem, hohem Klang.

Frisch und kräftig. A. Methfessel.

f

1. Stimmt an mit hel - lem, ho-hem Klang, stimmt an das Lied der
2. Der al - ten Hel - den Va-ter - land, dem Va - ter-land der
3. Der Ah - nen Tu - gend wir uns weih'n, zum Schutze uns' - rer
4. Ihr Kraft-ge-sang soll him-mel - an mit Un - ge - stüm sich

1. Lie - der, des Va - ter - lan - des Hoch - ge - sang: das
2. Treu - e, dir, frei - es, un - be - zwung'-nes Land, dir
3. Hüt - ten; wir lie - ben frei - es Fröh - lich - sein und
4. rei - ßen; und Je - der ech - te frei - e Mann soll

1. Wald = thal hall' es wie = = der.
2. weih'n wir uns aufs Neu = = e.
3. al = = te bie = d're Sit = = ten.
4. Freund und Bru = der hei = = ßen.

M. Claudius.

Nr. 89. Der Gesang.

Mit Wärme. Volksweise.

1. Was wä = re das Le = ben ohn' Lied und Ge=sang? Was
2. Ge = sang muß uns blei = ben, wenn al = les ver = siegt. Er
3. Durch Sang wird ge = ho = ben der Mensch himmelwärts. Er
4. In Hüt = ten und in Hal = len, an jegli=chem Ort, da
5. Er ei = net die Gei = ster mit gei = sti = gem Band. Er
6. Drum wol = len wir sin = gen mit freu = di = gem Mut! Ein

1. kann uns Freu=de ge = ben, wenn un = ser Herz ist krank? Was
2. muß uns Früch=te trei = ben, wenn Hoffnung nie = der = liegt, er
3. stillt des Her=zens To = ben, man singt in Freud' u. Schmerz. Er
4. hört man Sang er=schal=len; Ge = sang reißt al = les fort. Da
5. wird der See = le Mei = ster, weckt sie mit star = ker Hand. Er
6. fro = hes Lied soll klin = gen: Der Sang macht al = les gut! Ein

1. kann uns Freu = de ge = ben, wenn un = ser Herz ist krank?
2. muß uns Früch=te trei = ben, wenn Hoff=nung nie = der = liegt.
3. stillt des Her=zens To = ben, man singt in Freud' u. Schmerz.
4. hört man Sang er = schal=len; Ge = sang reißt al = les fort.
5. wird der See = le Mei = ster, weckt sie mit star = ker Hand.
6. fro = hes Lied soll klin = gen: Der Sang macht al = les gut!

Bittkow.

Nr. 90. Vom hohen Himmel her.

Mäßig. Einzelne. Volksweise.

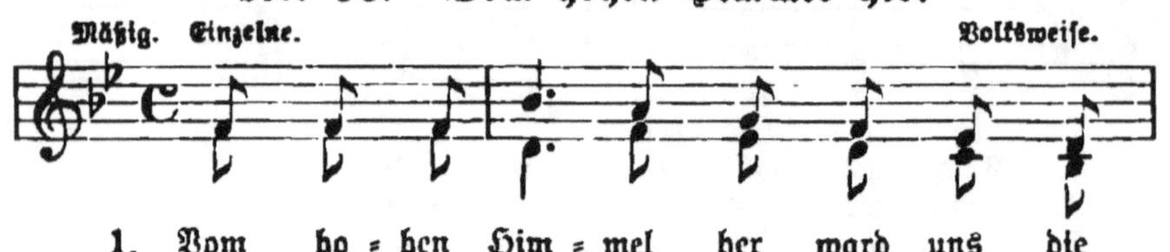

1. Vom ho - hen Him - mel her ward uns die
2. Ver - senkt ins Meer der ju - gend - li - chen
3. So lang' es Gott ge - fällt, der Freu - de,
4. Ist ei - ner uns' - rer Brü - der dann ge-

1. Freu - de, ward uns der Ju - - gend-traum ge-
2. Won - ne, laßt uns der Freu - - den ho - he
3. Brü - der, laßt uns dies schö - - ne Le - ben
4. schie - den, vom blas - sen Tod ge - for - dert

1. sandt: drum laßt uns mit Ge - sang und Fest - ge-
2. Zahl, bis einst am Le - bens - a - bend uns die
3. weih'n, und fällt am A - bend spät der Vor - hang
4. ab, so wei - nen wir, und wün - schen Ruh' und

1. schmei - de ent - ge - gen zie - hen Hand in Hand.
2. Son - ne nicht mehr ent - zückt mit ih - rem Strahl. } 1-3. Ja
3. nie - der, vergnügt uns zu den Vätern reih'n.
4. Frie - den in un - sers Bru-ders stil - les Grab. Wir

Langsam. Chor wiederholt.

1—3. fei - er - lich schalle der Ju - bel - ge-sang! freut euch der
4. wei-nen und wün - schen Ru - he hin - ab in un-sers

1—3. Ju - gend sie blü - het nicht lang!
4. Bru - - ders stil - - - les Grab.

Nr. 91. Des Morgens treibt der Schäfer.

Getragen. C. A. Kern.

1. Des Mor-gens treibt der Schä-fer die Schäf-lein in das
2. Noch glänzt der Tau im Gra - se im Mor - gen - son-nen-
3. Die Mor - gen - glok - ken klin-gen, es schallt der Vög-lein
4. Und wie er nun die Ler - che sich auf-wärts schwingen
5. Da drin - get und da schwin-get sich auch aus sei - ner
6. Kein Mensch hat es ver - nom-men, des Schä - fers Morgen-
7. Doch Gott hat's all ge - hö - ret, der Mor - gen - glok-ken

1. Thal, die al - ten und die jun - gen, sie fol - gen all - zu-
2. schein, der Him-mel wölbt dort o - ben sich blau und tief und
3. Chor, und be - tend schaut der Schä - fer zum Him - mel hoch em-
4. sieht, wie sie in sel'-gem Ju - bel zum Him - mel trägt ihr
5. Brust ein Lied hin - auf zum Him - mel voll An - dacht und voll
6. lied, das mit der Vög-lein Sin - gen zum Him - mel aufwärts
7. Klang, der Vö - gel fro - hen Ju - bel, des Schä - fers Mor-gen-

1. mal! Die al - ten und die jun - gen, sie fol - gen all - zu-mal.
2. rein. Der Him-mel wölbt dort o - ben sich blau und tief und rein.
3. por, und be - tend schaut der Schä - fer zum Him-mel hoch em - por.
4. Lied, wie sie in sel' - gem Ju - bel zum Him-mel trägt ihr Lied.
5. Lust, ein Lied hin - auf zum Him - mel voll Andacht und voll Lust.
6. zieht, das mit der Vög - lein Sin - gen zum Him-mel aufwärts zieht.
7. sang, der Vö - gel fro - hen Ju - bel, des Schäfers Mor-gen-sang!

G. H. Dieffenbach.

Nr. 92. Am Sonntagsmorgen.

Heiter. F. Gartz.

1. Des Sonntags, wenn die Sonn' anbricht, halt ich's nicht aus da=
2. Die Bäu = me rau=schen lu = stig drein in al = ter Me = lo=
3. Und Al = les schaut sich freundlich an und grüßt sich dort und

1. heim, muß wan = dern mit dem Mor = gen = licht, frisch
2. die, Gott weiß, es kann nie schö = ner sein, als
3. hie, drum wand = re, wer da wan = dern kann, des

1. in den Tag hin = ein. Die Kä = fer sin = gen
2. Sonntags in der Früh. Es ist, als ob das
3. Sonntags in der Früh. Des Sonn = tags, wenn die

1. summ summ summ, die Vög = lein ti = ri = li; die
2. gan = ze Land an Got = tes Herz er = glüh; als
3. Sonn' an = bricht, halt' ich's nicht aus da = heim, muß

1. Glok=ken läu = ten bim baum bum des Sonntags in der Früh.
2. sä = he man des Herrn Ge=wand des Sonntags in der Früh.
3. wan=dern mit dem Mor=gen=licht, frisch in den Tag hin = ein.

Ernst Fürste.

Nr. 93. Der Morgenstern.

Mäßig. Th. Fröhlich.

mf

1. Wenn ich in stil = ler Frü = he vom Schlummer auf = ge=
2. In Nacht und Schlummer lie = gen, das schufst du mir nicht
3. Ich freu = e mich mit Thrä=nen, daß ich ge = bo = ren

f

1. wacht, blick ich em=por, und sie = he! Des Mor=gen=ster = nes
2. an; ein Licht ist auf = ge = stie = gen, da man nicht schlummern
3. bin; mich zieht zu dir ein Seh = nen, dich Lie = be zu mir

p
cresc.

1. Pracht! Mit sanf=tem Glanz be = geg = net sein heit = res Au = ge
2. kann. O se = lig, wer zum Lich = te durchdrang aus sei = ner
3. hin! Geh' auf nach Gram und Schmerzen, und blei = be nim=mer

1. mir; wie früh bin ich ge = seg = net; mein
2. Nacht, und vor dem An = ge = sich = te der
3. fern, geh' auf in mei = nem Her = zen, du

1
2

1. Gott, ich dan = ke dir! Gott, ich dan = ke dir!
2. ew' = gen Son = ne wacht! ew' = gen Son = ne wacht!
3. hel = ler Mor = gen = stern! hel = ler Mor = gen = stern!

Nr. 94. Erwacht vom süßen Schlummer.

Feierlich froh. Scholinus.

1. Er = wacht von sü = ßem Schlummer, ge = stärkt durch sanf = te
2. Du bist es, der dem Mü = den, dem Schwa = chen Kraft ge=
3. Nun streust du Lust und Se = gen auf Al = les, was wir
4. O Gott, wie glänzt im Tau = e so schön die Mor = gen=
5. Aus tau = send Keh = len schal = let dir laut des Wal = des
6. O, laßt auch uns er = he = ben den Herrn das Le = be=

1. Ruh, jauchzt, Va = ter, frei von Kum = mer, Preis un = ser Herz dir zu.
2. schenkt. Du sprachest: Schlaft in Frie = den, er = wa = chet un = ge = kränkt.
3. seh'n; wir seh'n sich Al = les re = gen und Al = les neu er = steh'n.
4. flur! Die Welt, so weit ich schau = e, zeigt dei = ner Gü = te Spur.
5. Chor, von tau = send Blu = men wal = let dir O = pfer = duft em = por.
6. lang; ja un = ser Herz und Le = ben sei lau = ter Lob = ge = sang.

Nr. 95. Goldne Abendsonne.

H. G. Nägeli.

1. Gold = ne A = bend = son = ne, wie bist du so schön!
2. Schon in zar = ter Ju = gend sah ich gern nach dir,
3. Wenn ich so am A = bend stau = nend vor dir stand
4. Doch von dir, o Son = ne, wend' ich mei = nen Blick
5. Schuf uns doch ja bei = de ei = nes Got = tes Hand,

1. Nie kann oh = ne Won = ne dei = nen Glanz ich sehn.
2. und der Trieb zur Tu = gend glüh = te mehr in mir.
3. und an dir mich la = bend Got = tes Huld em = pfand.
4. mit noch größ'rer Won = ne auf mich selbst zu = rück.
5. dich im Strahlen = klei = de, mich im Staub = ge = wand.

Nr. 96.

Nach der vorigen Melodie und auch nach der Melodie: „Alle Jahre wieder.“

1. Abend wird es wieder, über Wald und Feld säuselt Frieden nieder, und es ruht die Welt.

2. Nur der Bach ergießet sich am Felsen dort, und er braust und fließet immer, immer fort.

3. Und kein Abend bringet Frieden ihm und Ruh', keine Glocke klinget ihm ein Rastlied zu.

4. So in diesem Streben bist, mein Herz auch du: Gott nur kann dir geben wahre Abendruh. **Hoffmann von Fallersleben.**

Nr. 97. An den Mond.

Langsam. dolce.
Volksweise.
1. Gu = ter Mond, du gehst so stil = le durch die A=bend=
dei = nes Schöpfers wei = ser Wil = le hieß auf je = ner
2. Gu = ter Mond, du wan = delst lei = se an dem blau=en
wo dich Gott zu sei = nem Prei = se hat als Leuch=te
3. Gu = ter Mond, so sanft und mil = de glän=zest du im
wal=lest in dem Licht = ge = fil = de hehr und fei = er=
1. wol = ken hin, Bahn dich zieh'n.
2. Him=mels = zelt, hin = ge = stellt.
3. Ster=nen = meer, lich ein = her.
Leuch = te freundlich je = dem Mü=den in das
Blik = ke trau = lich zu uns nie=der durch die
Men=schen=trö = ster, Got=tes=bo = te, der auf
1. stil = le Käm = mer = lein! und dein Schimmer gie = ße
2. Nacht aufs Er = den = rund! als ein treu = er Men=schen=
3. Frie=dens=wol = ken thront: zu dem schön=sten Mor = gen=
1. Frie = den ins be = dräng = te Herz hin = ein!
2. hü = ter thust du Got = tes Lie = be kund.
3. ro = te führst du uns, o gu = ter Mond!

Karl Enslin.

Nr. 98. Sommer-Abendlied.

Mäßig bewegt. W. G. Becker.

1. Will-kom-men, o se - li - ger A - bend, dem Her - zen
2. In dei - ner er - freu - li - chen Küh - le ver - gißt man
3. Im Krei - se sich lie - ben - der Freun-de ge - la - gert
4. Will-kom-men, o A - bend voll Mil - de, du schenkst dem

1. das froh dich ge - nießt! du bist so er - quik-kend, so
2. die Lei - den der Zeit, ver-gißt man des Mit - ta - ges
3. im schwel - len-den Grün, dann seg - net man flu - chen - de
4. Er - mü - de - ten Ruh', ver-setz'st uns in E - dens Ge-

1. la - bend: drum sei uns recht herz-lich ge - grüßt.
2. Schwüle, und ist nur zum Dan-ken be - reit.
3. Fein - de und läs - set in Frieden sie zieh'n.
4. fil - de und lä - chelst uns Se-lig-keit zu.

T. v. Ludwig.

Nr. 99. Seh' ich die Sterne in der Nacht.

Ruhig. Volksweise

1. Seh' ich die Ster - ne in der Nacht am Him - mel
2. Und schau'n sie freund-lich auf mich hin, möcht' ich hin-
3. Es schifft auf ih - rer stil - len Bahn vor - auf des
4. So ziehn, als Wäch - ter hin - ge - stellt, sie fröh - lich
5. Fahrt wohl ihr Stern-lein in der Nacht, die so ge-

1. steh'n in ih = rer Pracht, senkt sich des Frie = dens sel' = ge
2. auf zu ih = nen ziehn, ge = taucht in ih = res Lich = tes
3. Mon=des Sil = ber = kahn; um ihm ge = schart ein zahl = los
4. um die wei = te Welt; in schwe = rem Leid ein Trost so
5. treu ihr glänzt und wacht; bei eu = rem mil = den Strah=len=

1. Lust von ihm her = ab in mei = ne Brust.
2. Strahl mit = wan = dern ü = ber Berg und Thal.
3. Heer, durch = fah = ren sie das dunk = le Meer.
4. mild, im Glück der ew' = gen Gü = te Bild.
5. schein, schlaf ich so sanft und ru = hig ein.

J. Arnold.

Nr. 100. Stille nah und fern!

Getragen. C. A. Kern.

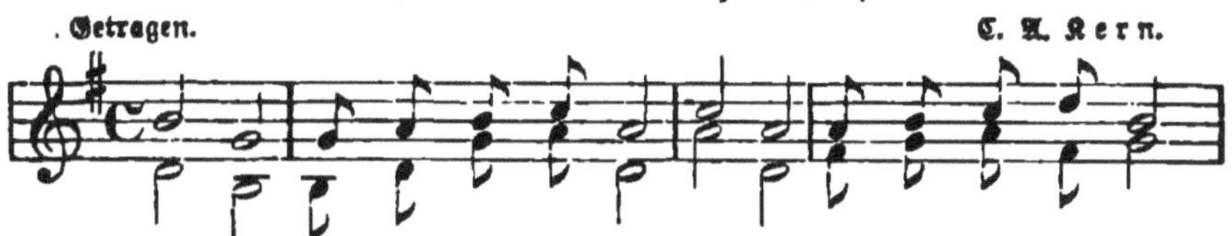

1. Stil = le, stil = le nah u. fern! Friedlich blinkt der A = bendstern
2. Be = tend schau' ich him = mel=an, trau = e dem, der hel = fen kann.
3. Frie = de füllt die See = le mir; stil = le ruh ich, Herr in dir!

1. Nie = der senkt sich heil' = ge A = bend=ruh, dek = ket al = le
2. Was mich quä=let, nimm's in dei = ne Hut! Was mir feh = let,
3. Dei = ne ew' = ge Lieb' und Treu = e wacht ü = ber mir auch

1. Sor = gen mil = de zu.
2. du machst al = les gut.
3. in der dunk=len Nacht.

Dieffenbach.

Nr. 101. Der Störche Wanderlied.

Fest und schnell. Volksweise.

1. Fort, fort, fort und fort an ei = nen an = dern
2. Ihr, ihr, ihr und ihr, ihr Bau = ern le = bet
3. Du, du, du und du, leb' wohl du schö = ner
4. Ihr, ihr, ihr und ihr, ihr Frö = sche le = bet
5. Fort, fort, fort und fort, an ei = nen an = dern.

1. Ort! nun ist vor = bei die Som = mer = zeit: drum
2. wohl! Ihr gabt zur Her = berg' eu = er Dach, und
3. Teich! Du hast an dei = nen U = fern oft ver=
4. wohl! Ihr habt uns oft Mu = sik ge = macht und
5. Ort! Nun ist vor = bei die Som = mer = zeit: drum

1. sind wir Stör = che jetzt be = reit, von
2. schütz = tet uns vor Un = ge = mach: drum
3. lieh'n, was un = ser Herz ge = hofft. Dein
4. uns mit man = chen Schmaus be = dacht. Lebt
5. sind wir Stör = che jetzt be = reit, von

1. ei = nem Land zum an = dern zu wan = dern.
2. sei euch Glück und Frie = den be = schie = den.
3. den = ken wir von fer = ne noch ger = ne.
4. wohlauf Wie = der = se = hen! wir ge = hen.
5. ei = nem Land zum an = dern zu wan = dern.

Hoffmann v. Fallersleben.

Nr. 102. In unsers Vaters Garten.

Sehr mäßig und sanft. — E. Richter.

1. In un=sers Va=ters Gar=ten, da war's noch ge=stern
2. Und heut' ist al=les an=ders, und heut' ist al=les
3. O lie=bes Kind wir schla=fen, nach Got=tes Wil=len
4. Ja dei=ne Blümlein schla=fen: so wirst auch schla=fen
5. Und wenn du dann er=wa=chest, o möch=test du dann

1. grün, da sah ich noch so man=cher=lei, so
2. tot. Wo seid ihr hin, ihr Blü=me=lein, ihr
3. hier, bis er uns sei=nen Früh=ling schickt, und
4. du, bis dich er=weckt ein Früh=lings=tag aus
5. sein, so hei=ter und so früh=lings=froh, wie

1. schö=ne Blu=men blüh'n, da sah ich noch so
2. Blüm=lein gelb und rot? Wo seid ihr hin, ihr
3. dann er=wa=chen wir; bis er uns sei=nen
4. dei=ner lan=gen Ruh'; bis dich er=weckt ein
5. dei=ne Blü=me=lein! so hei=ter und so

1. man=cher=lei, so schö=ne Blu=men blüh'n.
2. Blü=me=lein, ihr Blüm=lein gelb und rot?
3. Früh=ling schickt, und dann er=wa=chen wir.
4. Früh=lings=tag aus dei=ner lan=gen Ruh'.
5. früh=lings=froh, wie dei=ne Blü=me=lein!

Hoffmann v. Fallersleben.

Nr. 103. Herbstliedchen.
Mäßig.
Lüdicke.
1. Wenn ich in mein Gärt=chen geh', nach den bun=ten
2. Wenn ich in mein Wäld=chen geh', nach den grü=nen
3. Wenn ich nach dem Him=mel seh', wird mir gar so
4. Lie=ber Gott ich hof=fe doch, al=len Blu=men
5. Wenn die Früh=lings=Son=ne lacht, steht der Wald in
1. Blu=men seh': al=le Blu=men sind schon fort
2. Bäu=men seh', Laub ist welk und schon ver=dorrt,
3. trüb und weh', weil der Wind so schau=rig geht
4. schenkst du noch ü=bers Jahr ein Auf=er=stehn;
5. grü=ner Pracht, hel=le Wol=ken fröh=lich zieh'n,
1. o wie trau=rig ist es dort!
2. o wie trau=rig ist es dort!
3. und so trü=be Wol=ken weht.
4. Ja, ich werd sie wie=der=sehn!
5. und die Blüm=lein seh' ich blüh'n.
H. Klette.
Nr. 104. Feldeinwärts flog ein Vögelein.
Mäßig.
A. Klauwell.
1. Feld=ein=wärts flog ein Vö=ge=lein und sang im mun=tern
2. Ich horch=te auf den Feld=ge=sang, mir ward so wohl und
3. Doch als ich Blät=ter fal=len sah, da sagt' ich: ach! der
4. Doch rück=wärts kam der Sonnen=schein, dicht zu mir drauf das
1. Son=nenschein mit sü=ßem, wun=der=ba=rem Ton: A=
2. doch so bang; mit fro=hem Schmerz mit trü=ber Lust stieg
3. Herbst ist da, der Sommer=gast, die Schwalbe, zieht, viel=
4. Vö=ge=lein; es sah mein thrä=nend An=ge=sicht und

1. de! ich flie = ge nun da = von; weit! weit
2. wech=selnd bald und sank die Brust: Herz, Herz ists
3. leicht so Lieb' und Sehn=sucht flieht weit! weit!
4. sang: die Lie = be win = tert nicht, nein! nein!
1. reis' ich noch heut, weit! weit! reis' ich noch heut'.
2. Wonn' o = der Schmerz? Herz! Herz! ists Wonn' o = der Schmerz?
3. rasch mit der Zeit. Weit! weit! rasch mit der Zeit.
4. ist Frühlings=schein. Nein! nein! ist Frühlings=schein.
L. Tiek.
Nr. 105. Einkehr.
Mäßig.
Schnyder v. Wartensee.
1. Bei ei = nem Wir = te, wun = der = mild, da
2. Es war der gu = te A = pfel = baum, bei
3. Es ka = men in sein grü = nes Haus viel
4. Ich fand ein Bett zu sü = ßer Ruh auf
5. Nun frag ich nach der Schul=dig = keit, da
1. war ich jüngst zu Ga = ste; ein gold = ner A = pfel
2. dem ich ein = ge = keh = ret mit sü = ßer Kost und
3. leicht=be = schwing=te Gä = ste sie sprangen frei und
4. wei = chen, grü = nen Mat = ten, der Wirt der deck = te
5. schüt=telt er den Wip = fel. Ge = seg = net sei er
1. war sein Schild an ei = nem lan = gen A = ste.
2. fri = schem Schaum hat er mich wohl ge = näh = ret.
3. hiel = ten Schmaus und san = gen auf das be = ste.
4. selbst mich zu mit sei = nem küh = len Schat = ten.
5. al = le = zeit, von Wur = zel bis zum Gip = fel!
L. Uhland.

Nr. 106. Herbei, o ihr Gläubigen.

Sehr mäßig. **Portugisische Volksweise.**

1. Her - bei, o ihr Gläu - bi - gen fröh - lich tri - um-
2. Du Kö - nig der Eh - - ren, Herr-scher der Heer-
3, Kommt, sin - get dem Her - - ren, o ihr En - gel-
4. Ja, dir, der du heu - - te bist für uns ge-

1. phierend, o kom-met, o kom - met nach Beth - le - hem!
2. scha - ren, du ruhst in der Krip - pe im Er - den - thal.
3. chö - re, froh - lok-ket, froh - lok - ket, ihr Se - li - gen!
4. bo - ren, Je - su, Eh - re sei dir und Ruhm!

p Das

1. Se - het das Kind-lein, uns zum Heil ge - bo - ren!
2. Gott, wah-rer Gott, von E - wig - keit ge - bo - ren!
3. Eh - re sei Gott im Him-mel und auf Er - den!
4. Dir Fleisch ge-word'-nes Wort des ew'-gen Va - ters.

} O

erste Mal Soli.

1—4. las - set uns an - be - ten, o las - set uns - an-

1—4. be - ten, o las - set uns an - be - ten den Kö - nig!

Nr. 107. Wie ruhest du so stille.

Nicht zu langsam. Harder.

p

1. Wie ru = hest du so stil = le in dei = ner wei = ßen
2. Du schlummerst nun ent = klei = det; kein Lamm noch Schäflein
3. Die Zweig' und Äst = lein schimmern, und tau=send Lich = ter
4. Der gu = te Va = ter dro = ben hat dir dein Kleid ge=
5. Bald in des Len = zes We = hen wirst du ver jüngt er=

cresc.
p

1. Hül = le, du mütter = li = ches Land! Wo sind des Früh=lings
2. wei = det auf deinen Au'n und Höhn. Der Vöglein Lied ver=
3. flimmern, wo = hin das Au = ge blickt. Wer hat dein Bett be=
4. wo = ben; er schläft und schlummert nicht. So schlumm're denn in
5. ste = hen zum Le = ben wun = der = bar! Sein O=dem schwebt her=

poco cresc.

1. Lie = der, des Som = mers bunt Ge = fie = der und dein be=
2. stummet und kei = ne Bie = ne sum = met; doch du bist
3. rei = tet? die Dek = ke dir ge = sprei = tet und dich so
4. Frieden! der Va = ter weckt die Mü = den zu neu = er
5. nie = der; dann, Er = de, stehst du wie = der mit ei = nem

f
dim.

1. blüm=tes Fest = ge = wand? und dein beblüm=tes Fest = ge = wand?
2. auch im Schlummer schön! doch du bist auch im Schlummer schön!
3. schön mit Reif ge=schmückt? und dich so schön mit Reif ge=schmückt?
4. Kraft, zu neu = em Licht! zu neu = er Kraft, zu neu = em Licht!
5. Blu = menkranz im Haar, mit ei = nem Blumen = kranz im Haar.

Fr. A. Krummacher.

Nr. 108. Weihnachtsfreude.

Mäßig. *p* — Volksweise.

1. Der Win - ter ist ge - kom-men und hat hin - weg ge-
2. Da schal - len plötz - lich Klän - ge und fro - he Fest - ge-
3. Wie gern doch seh ich glän - zen mit all' den rei - chen

mf

1. nom - men der Er - de grü - nes Kleid; Schnee liegt auf Blü-ten-
2. sän - ge hell durch die Win - ter-nacht; in Hüt - ten und Pa-
3. Krän - zen den grü-nen Weihnachtsbaum; da - zu der Kindlein

1. kei - men, kein Blatt ist auf den Bäu - men, er-
2. lä - sten ist rings in grü - nen Ä - sten ein
3. Mie - nen von Licht und Lust be - schie - nen; wohl

f

1. starrt die Flüs - se weit und breit.
2. bun - ter Früh - ling auf - ge - wacht.
3. schön - re Freu - den giebt es kaum!

Reinik.

Nr. 109. Winters Ankunft.

Gemäßigt.

1. A,a, a, der Winter der ist da! Herbst und Sommer ist vergangen,
2. E, e, e, nun giebt es Eis u. Schnee; Blumen blühn an Fensterscheiben,
3. I, i, i, ver-giß des Armen nie! Hat oft nichts sich zu - zu-dek-ken,
4. O,o,o, wie sind die Kindlein froh, wenn das Christkind thut was bringen
5. U,u,u, ich weiß wohl was ich thu: Christkind lie-ben, Christkind loben

1. Win=ter der hat an=ge=fan=gen. A, a, a, der Win=ter der ist da!
2. sind sonst nirgends aufzutreiben. E, e, e, nun giebt es Eis und Schnee.
3. wenn nun Frost u Kält ihn schrecken. J, i, i, ver=giß des Armen nie!
4. und „vom Himmel hoch" sie singen. O, o, o, wie sind die Kindlein froh!
5. mit den vie=len Engeln o=ben. U, u, u, ich weiß wohl, was ich thu.

Nr. 110. Der Winter.

Kräftig. Reichardt.

1. Der Win=ter ist ein rech=ter Mann, kern=
2. Er zieht sein Hemd im Frei=en an, und
3. Aus Blu=men und aus Vo=gel=sang, weiß
4. Doch wenn die Füch=se bel=len sehr, wenns
5. Wenn Stein und Bein vor Frost zer=bricht, und
6. Sein Schloß von Eis liegt ganz hin=aus beim
7. Da ist er denn bald dort, bald hier, gut

1. fest und auf die Dau=er; sein Fleisch fühlt sich wie
2. läßt's vor=her nicht wär=men, und spot=tet ü=ber
3. er sich nichts zu ma=chen, haßt war=men Drang und
4. Holz im O=fen knit=tert, und um den O=fen
5. Teich und See=en kra=chen: das klingt ihm gut, das
6. Nordpol an dem Stran=de; doch hat er auch ein
7. Re=gi=ment zu füh=ren, und wenn er durch=zieht

1. Ei=sen an und scheut nicht süß noch sau=er.
2. Fluß im Zahn und Grim=men in Ge=där=men.
3. war=men Klang und al=le war=me Sa=chen.
4. Knecht und Herr die Hän=de reibt und zit=tert;
5. haßt er nicht, dann will er tot sich la=chen.
6. Som=mer=haus im lie=ben Swei=zer=lan=de.
7. ste=hen wir und sehn ihn an und frie=ren.

Claudius.

Nr. 111. Auf den Schnee, auf den Schnee.

Mäßig.

1. Auf den Schnee, auf den Schnee, folgt der schö = ne
2. Wie Gott will, wie Gott will, will ich ger = ne
3. Schweig mein Herz, schweig mein Herz! denn es wech=selt

1. Hoff=nungs=klee. Wenn der Win = ter ist ver = gan = gen,
2. hal = ten still. Soll der Him = mel sich ver = hül = len,
3. Lust und Schmerz. Will dich Trüb = sinn hier um = fan = gen,

1. sol = len neu die Blu = men prangen, schwingt die Ler = che
2. wird der Re=gen nie = der = quil = len, giebt's Ge=deih'n in
3. kannst du sü = ßen Trost er = lan = gen, hebt dein Herz sich

1. sich zur Höh'! Auf den Schnee, auf den Schnee
2. rei = cher Füll! Wie Gott will, wie Gott will,
3. him = mel=wärts. Schweig mein Herz, schweig mein Herz!

1. folgt der schö = ne Hoff = nungs=klee.
2. will ich ger = ne hal = ten still.
3. denn es wech = selt Lust und Schmerz.

Lud. Francke.

Nr. 112. O du fröhliche, o du selige.

Zwei- und dreistimmig.

Langsam. Sizilianische Volksweise.

mf
1—3. O du fröh - li - che, o du se - li - ge,
mf
1—3. gna-den-brin - gen - de Weihnachts-zeit!
p
Welt ging ver-
Christ ist er-
Himm - li - sche
cresc.
1. lo - - ren, Christ ward ge - bo - ren: Freu - - e,
2. schie - nen, uns zu ver - süh - nen: Freu - - e,
3. Hee - re, jauch - zen dir Eh - re: Freu - - e,
f
dim.
1—3. freu - e dich, o Chri - sten - heit!

J. D. Falk.

b) Die Osterzeit.

1. O du fröhliche, o du selige, gnadenbringende Osterzeit! Welt lag in Banden; Christ ist erstanden. Freue, freue dich, o Christenheit!
2. O du fröhliche, o du selige, gnadenbringende Osterzeit! Tod ist bezwungen, Leben errungen. Freue, freue dich, o Christenheit!
3. O du fröhliche, o du selige, gnadenbringende Osterzeit! Kraft ist gegeben, laß uns ihm leben. Freue, freue dich, o Christenheit!

c) Die Pfingstenzeit.

1. O du fröhliche, o du selige, gnadenbringende Pfingstenzeit! Christ unser Meister, heiligt die Geister. Freue, freue dich, o Christenheit!
2. O du fröhliche, o du selige, gnadenbringende Pfingstenzeit! Führ'! Geist der Gnade, uns deine Pfal Freue, freue dich, o Christenheit!
3. O du fröhliche, o du selige, gnadenbringende Pfingstenzeit! Uns die Erlösten, willst du Geist trösten. Freue, freue dich, o Christenheit!

J. D. Falk.

Nr. 113. Kommt und laßt uns Christum ehren.

Mäßig. A. Todt.

1. Kommt und laßt uns Chri - stum eh - ren, Herz und
2. Se - het was hat Gott ge - ge - ben, sei - nen
3. Ja - kobs Stern ist auf - ge - gan - gen, stillt das
4. O ge - be - ne - dei - te Stun - de, da wir
5. Schön - stes Kind - lein in dem Stal - le, sei uns

1. Sin - nen zu ihm keh - ren, sin - get fröh - lich, laßt euch
2. Sohn zum ew' - gen Le - ben; die - ser kann und will uns
3. sehn - li - che Ver - lan - gen, bricht den Kopf der al - ten
4. das von Her - zens-grun - de glau - ben und mit un - serm
5. freundlich, bring uns al - le da - hin, wo mit sü - ßem

1. hö - ren, wer - tes Volk der Chri - sten - heit.
2. he - ben aus dem Leid in Him - mels - freud!
3. Schlan-gen und zer - stört das Höl - len - reich.
4. Mun - de dan - ken dir, o Je - su - lein.
5. Schal - le dich der En - gel Heer er - höht!

Nr. 114. Die Kinder bei der Krippe.

Freudig. J. A. P. Schulz.

1. Ihr Kin - der-lein kom - met, o kom - met doch all', zur
2. O seht in der Krip - pe, im nächt - li - chen Stall, seht
3. Da liegt es — ach, Kin - der! auf Heu und auf Stroh; Ma-
4. O beugt, wie die Hir - ten an - be - tend die Knie; er-
5. O be - tet: Du lie - bes, du gött - li - ches Kind, was
6. Was ge - ben wir Kin-der, was schen - ken wir dir, du
7. So nimm uns - re Her - zen zum Op - fer denn hin; wir

1. Krip-pe her, kom - met in Beth - le-hems Stall und
2. hier bei des Licht-leins hell - glän - zen-dem Strahl, in
3. ri - a und Jo - seph be - trach - ten es froh; die
4. he - bet die Händ-lein und dan - ket wie sie! Stimmt
5. lei - dest du al - les für un - se - re Sünd'! Ach,
6. be - stes und lieb - stes der Kin - der da - für? Nichts
7. ge - ben sie ger - ne mit fröh - li - chem Sinn; — und

1. seht, was in die - ser hoch - hei - li - gen Nacht der
2. rein - li - chen Win-deln das himm-li - sche Kind, viel
3. red - li - chen Hir - ten knie'n be-tend da - vor, hoch
4. freu - dig, ihr Kin - der, — wer sollt' sich nicht freu'n? stimmt
5. hier in der Krip - pe schon Ar - mut und Not, am
6. willst du von Schät-zen und Freu-den der Welt, ein
7. ma - che sie hei - lig, und se - lig, wie deins, und

1. Va - ter im Him - mel für Freu - de uns macht!
2. schö - ner und hol - der als En - gel es sind!
3. o - ben schwebt ju - belnd der En - ge - lein Chor.
4. freu - dig zum Ju - bel der En - gel mit ein!
5. Kreu - ze dort gar noch den bit - te - ren Tod!
6. Herz nur von Un - schuld al - lein dir ge - fällt.
7. mach' sie auf e - wig mit dei - nem nur eins!

Ch. v. Schmidt.

Nr. 115. Morgen kommt der Weihnachtsmann.

Munter. E. Richter.

1. Mor = gen kommt der Weihnachtsmann, kommt mit sei = nen
2. Bring uns, lie = ber Weihnachtsmann, bring, ach mor = gen
3. Doch du weißt ja un = sern Wunsch, kennst ja un = sre

1. Ga = ben. Trom=mel, Pfei=fen und Ge=wehr, Fahn' u. Sä = bel
2. brin = ge Mus = ke = tier und Gre = na = dier, Zot = tel = bär und
3. Her = zen. Kin = der, Va = ter und Ma=ma, auch so = gar der

1. und noch mehr, ja ein gan = zes Krie = ges = heer
2. Pan = ther = tier, Roß und E = sel, Schaf und Stier,
3. Groß = pa = pa, al = le, al = le sind wir da,

1. möcht ich ger = ne ha = ben!
2. lau = ter schö = ne Din = ge.
3. war = ten dein mit Schmer = zen.

Hoffmann v. Fallersleben.

Nr. 116. Die heilige Nacht.

Sehr mäßig. Mich. Haydn.

p
pp
mf
p

1. Stil = le Nacht, hei = li = ge Nacht! Al = les schläft, ein = sam wacht
2. Stil = le Nacht, hei = li = ge Nacht! Hir=ten erst kund ge = macht;
3. Stil = le Nacht, hei = li = ge Nacht! Got=tes Sohn, o wie lacht

cresc.

1. nur das trau=te, hoch=hei = li = ge Paar. Hol=der Kna=be im
2. durch der En=gel Hal = le = = lu = ja tönt es laut von
3. Lieb' aus dei = = nem gött = li=chen Mund, da uns schlägt die

1. lok = ki = gen Haar, schlaf in himm = li = scher Ruh'.
2. fern und nah: Je=sus, der Ret = ter, ist da,
3. ret = ten = de Stund', Christ, in dei = ner Ge = burt,

pp

1. schlaf in himm = li = scher Ruh'!
2. Je = sus der Ret = ter, ist da!
3. Christ, in dei = ner Ge = burt.

J. Mohr.

Nr. 117. Alle Jahre wieder.

Beim zweistimmigen Gesang werden die kleinen Noten als zweite Stimme gesungen.

Nach dieser Melodie können auch Nr. 95 und 96 gesungen werden.

Ruhig. Rink.

1. Al = le Jah = re wie = der kommt das Chri=stus = kind
3. Kehrt mit sei = nem Se = gen ein in je = des Haus,
3. Ist auch mir zur Sei = te still und un = er = kannt,

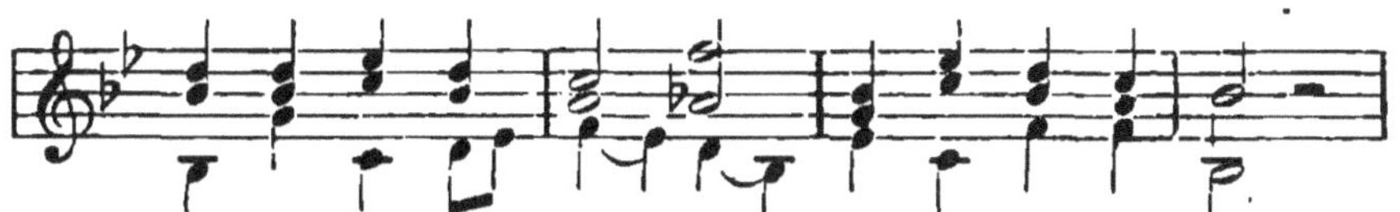

1. auf die Er = de nie = der, wo wir Men=schen sind.
2. geht auf al = len We = gen mit uns ein und aus.
3. daß es treu mich lei = te an der lie = ben Hand.

Hey.

Nr. 118. Kling, Glöckchen.

Heiter. B. Widmann.

mf
f

1—3. Kling, Glöckchen, klin-ge-lin-ge-ling, kling Glöckchen, kling!

mf

1. Laßt mich ein, ihr Kin-der! ist so kalt der Win-ter!
2. Mägdlein, hört und Büb-lein, macht mir auf das Stüblein!
3. Hell er-glüh'n die Ker-zen! Öff-net mir die Her-zen!

1. Öff-net mir die Thü-ren, laßt mich nicht er-frie-ren!
2. Bring' euch vie-le Ga-ben, sollt euch da-ran la-ben.
3. Will drin woh-nen fröh-lich! From-mes Kind, wie se-lig.

1-3. Kling, Glöckchen, klin-ge-lin-ge-ling, kling, Glöckchen, kling.

Nr. 119. Am Weihnachtsbaum.

Fröhlich, doch nicht zu schnell.

1. Am Weihnachts-baum die Lich-ter bren-nen, wie glänzt er
2. Die Kin-der stehn mit hel-len Blik-ken, das Au-ge
3. Zwei En-gel sind hin-ein ge-tre-ten, kein Au-ge
4. Ge-seg-net seid ihr al-ten Leu-te, ge-seg-net
5. Kein Ohr hat ih-ren Spruch ver-nom-men, un-sicht-bar

1. fest - lich, lieb und mild, als spräch er: wollt in mir er-
2. lacht, es lacht das Herz; o fröh - lich, se - li - ges Ent-
3. hat sie kom-men sehn, sie gehn zum Weih-nachtstisch und
4. sei du klei - ne Schar: wir brin - gen Got - tes Se - gen
5. je - des Men-schen Blick sind sie ge - gan - gen wie ge-
1. ken - nen ge - treu - er Hoff - nung stil - les Bild.
2. zük - ken! Die Al - ten schau - en him - mel - wärts.
3. be - ten, und wen - den wie - der sich und gehn.
4. heu - te dem brau - nen wie dem wei - ßen Haar.
5. kom - men, doch Got - tes Se - gen bleibt zu - rück.

Klette.

Nr. 120. Weihnachtszeit.

Mäßig. Volksweise.

1—4. O Weih - nachts - zeit, o Weih - nachts - zeit! { Du / Du / Du / Du

Fine.

1. hast die schön - sten Bäu - me! Manch' Blüm-lein blüht im
2. hast die schön - sten Lie - der! Es schallt so frisch, wenn
3. bringst die schön - sten Ga - ben! Das Christ-kind kommt ins
4. wirst die schön - ste blei - ben! Des Him-mel - rei - ches

Da capo.

1. Gar - ten - raum, doch glän - zet keins wie Weihnachtsbaum.
2. Vög - lein singt, doch Weih - nats - sang noch schö - ner klingt.
3. Herz hin - ein mit sei - nem sü - ßen Frie - dens-schein.
4. sel' - ge Freud', das ist wohl lau - ter Weihnachts-zeit.

W. Kritzinger.

Nr. 121.

Nach der vorigen Melodie.

1. O Tannenbaum, o Tannenbaum, wie treu sind deine Blätter! Du grünst nicht nur zur Sommerzeit, nein auch im Winter, wenn es schneit! :,:

2. O Tannenbaum, o Tannenbaum, du kannst mir sehr gefallen: Wie oft hat nicht zur Weihnachtszeit ein Baum von dir mich hoch erfreut! :,:

3. O Tannenbaum, o Tannenbaum, dein Kleid will mich was lehren: die Hoffnung und Beständigkeit giebt Trost und Kraft zu jeder Zeit. :,:

Nr. 122. Der Christbaum ist der schönste Baum.

Freudig und schnell. G. Eisenbach.

1. Der Christbaum ist der schön=ste Baum, den wir auf Er = den
2. Denn sieh, in die = ser Wun=der=nacht ist einst der Herr ge-
3. Doch nun ist Freud' und Se = lig = keit, ist je = de Nacht voll
4. O laß ihn ein, es ist kein Traum! er wählt dein Herz zum

1. ken = nen; im Gar = ten klein, im eng = sten Raum, wie
2. bo = ren, der Hei = land, der uns se = lig macht, hätt'
3. Ker = zen, auch dir, mein Kind, ist das be = reit, dein
4. Gar = ten, will pflan = zen in dem eng = en Raum den

1. lieb = lich blüht der Wun = der = baum, wenn sei = ne Blüm=chen
2. er den Him = mel nicht ge = bracht, wär al = le Welt ver=
3. Je = sus schenkt dir al = les heut, gern wohnt er dir im
4. al = ler schön=sten Wun = der = baum, u. sei = ner treu = lich

1. bren=nen, wenn sei=ne Blüm=chen bren=nen, ja bren=nen.
2. lo=ren, wär' al=le Welt ver=lo=ren, ver=lo=ren.
3. Her=zen, gern wohnt er dir im Her=zen, im Her=zen.
4. war=ten, und sei=ner treu=lich war=ten, ja war=ten.

Nr. 123. Die Weihnachtszeit.

Mäßig. J. Gersbach.

1. Die schön=ste Zeit, die lieb=ste Zeit, sagt's
2. Den hat uns Gott der Herr be=stellt, den
3. Das be=ste Kind, das lieb=ste Kind, so
4. Zur Weih=nachts=zeit, zur Weih=nachts=zeit, da
5. Ge=bo=ren ist das Chri=stus=kind, durch
6. Und je=des ruft dem an=dern zu: Mein

1. al=len Leu=ten weit und breit, da=mit sich je=des
2. herr=lich=sten in al=ler Welt, das Jung und Alt, daß
3. vie=le rings auf Er=den sind, kommt her und hört, da=
4. kam er von dem Him=mel weit zu sei=nen ar=men
4. das die Men=schen se=lig sind, das al=le so von
6. Bru=der, Schwe=ster, hö=rest du, was uns vom Him=mel

1. freu=en mag, das ist der lie=be Weih=nachts=tag!
2. Groß und Klein so recht von Her=zen froh soll sein.
3. mit ihr's wißt, das ist der lie=be Je=sus Christ!
4. Men=schen her, in ei=ner Krip=pe schlum=mert er.
5. Her=zen liebt und ih=nen Him=mels=ga=ben giebt.
6. die=se Nacht hat für ein gro=ßes Heil ge=bracht.

Nr. 124. Weihnachtslied.

Mäßig und gebunden vorzutragen. Alte Böhmische Weise.

1. Kom = met ihr Hir = ten, ihr Män=ner und
Kom = met das lieb = li = che Kind=lein zu
2. Laſ = ſet uns ſe = hen in Beth = le = hems
Was uns ver = hei = ßen der himm = li = ſche
3. Wahr = lich, die En = gel ver = kün = di = gen
Beth = le = hems Hir = ten = volk gar gro = ße

f

1. Frau'n, schau'n, Chri=ſtus, der Herr, iſt heu = te ge = bo = ren, den Gott
2. Stall, Schall, was wir dort fin = den, laſ = ſet uns kün=den, laſ = ſet
3. heut' Freud'. Nun ſoll es wer = den Frie=de auf Er = den, den Men=

mf *dim.*

1. zum Hei=land uns hat er = ko = ren. Fürch=tet euch nicht!
2. uns prei = ſen in from=men Wei = ſen. Hal = le = lu = ja!
3. ſchen al = len ein Wohl = ge = fal = len. Eh = re ſei Gott!

Nr. 125. Sei uns mit Jubelſchalle.

Nicht zu ſchnell. Volksweiſe.

1. Sei uns mit Ju = bel=ſchal = le, Chriſt=kind=chen heut' ge=
2. Wie haſt du doch uns Kin = der von An = fang an ge=
3. Laß doch bei ſo viel Ga = ben uns nie ver = geſ = ſen

1. grüßt! Wie freu=en wir uns al = le, daß dein Ge = burts=tag
2. liebt, ob wir dich gleich als Sün=der ſo man=nig = fach be=
3. dein, denn dich im Her = zen ha=ben, geht ü = ber gold'nen

1. ist! Für uns zur Welt ge = bo = ren, lagst du auf Heu und
2. trübt! O gieb zum Christ=ge=schen = ke uns neu = e Her = zen
3. Schein! O laß bei al = len Klei=nen im gan = zen Er = den=

1. Stroh, sonst wä=ren wir ver = lo = ren, nun a = ber sind wir froh!
2. heut', daß je=der dein ge=den = ke in rech = ter Dank=bar=keit!
3. rund heut'dei = ne Lieb' er=schei=nen, o mach' dich al = len kund!

Th. Fliedner.

Nr. 126. Du lieber, heil'ger, frommer Christ.

Kindlich froh. G. Siegert.

1. Du lie = ber, heil' = ger, from = mer Christ, der für uns
2. Du Licht, vom lie = ben Gott ge = sandt in un = ser
3. Du lie = ber, heil' = ger, from = mer Christ, weil heu = te
4. O seg = ne mich, ich bin noch klein, o ma = che
5. Daß ich wie En = gel Got = tes sei in De = mut

1. Kin = der kom = men ist, da = mit wir sol = len
2. dunk = les Er = den land, du Him = mels = licht und
3. dein Ge = burts = tag ist, d'rum ist auf Er = den
4. mir das Her = ze rein, o ba = de mir die
5. und in Lie = be treu, daß ich dein blei = be

1. weis' und rein und rech = te Kin = der Got = tes sein.
2. Him=mels=schein, da = mit wir sol = len himm=lisch sein.
3. weit und breit bei al = len Kin = dern fro = he Zeit.
4. See = le hell in dei = nem rei = chen Him=mels=quell.
5. für und für, du heil' = ger Christ, das schen = ke mir!

Arndt.

Nr. 127. Aus dem Himmel ferne.

Kann auch nach Nr. 116 gesungen werden.

Mäßig. Silcher.

1. Aus dem Him=mel fer=ne, wo die Eng=lein sind,
2. Hö=ret sei=ne Bit=te treu bei Tag und Nacht,
3. Giebt mit Va=ter=hän=den ihm sein täg=lich Brot,
4. Sagt's den Kin=dern al=len, daß ein Va=ter ist,

1. schaut doch Gott so ger=ne her auf je=des Kind.
2. nimmt's bei je=dem Schrit=te vä=ter=lich in acht.
3. hilft an al=len En=den ihm aus Angst und Not.
4. dem sie wohlge=fal=len, der sie nie ver=gißt.

Wilhelm Hey.

Nr. 128. Christ, ein Schäfer.

Nach der Melodie Nr. 73.

1. Seht ihr dort auf grünen Fluren jenen holden Schäfer ziehn? seht ihr auch auf seinen Spuren schöner alle Felder blühn? schöner alle Felder blühn?

2. Kennt ihr auch die frommen Herden? Schauet an den Schäferstab, den der Himmel und der Erden :,: Vater seinen Händen gab. :,:

3. Schaut, ein Lamm hat sich verlaufen, und er eilet schnellen Lauf, läßt den andern ganzen Haufen, :,: suchet sein verlornes auf. :,:

4. Auf den Schultern heimgetragen, bringt es der getreue Hirt; keines darf nun ängstlich zagen, :,: sei es noch so weit verirrt. :,:

5. Möchtet ihr auf dieser Erden fühlen solche treue Hut, müßt ihr Schäflein Christi werden, :,: denen giebt er selbst sein Blut. :,:

6. Herr, mein Gott, auf deinen Weiden, an dein Brünnlein leite mich; so durch Freuden, als durch Leiden :,: führe du mich seliglich! :,:

Nr. 129. Lobt froh den Herrn.

Munter. Nägeli.

1. Lobt froh den Herrn, ihr ju=gend=li=chen
2. Es schallt em=por zu dei=nem Hei=lig=
3. Vom Prei=se voll laß un=ser Herz dir
4. Wir stam=meln hier, doch hörst du un=ser
5. Einst kommt die Zeit, wo wir auf tau=send

1. Chö = re! Er hö = ret gern ein Lied zu sei = ner
2. tu = me aus un = serm Chor ein Lied zu dei = nem
3. sin = gen! das Lob = lied soll zu dei = nem Thro = ne
4. Lal = len zum Prei = se dir mit Va = ter = wohl = ge=
5. Wei = sen, o Se = lig = keit! dich un = sern Va = ter
1. Eh = re. Lobt froh den Herrn, lobt froh den Herrn!
2. Ruh=me, du, der sich Kin = der aus = er = kor!
3. drin=gen, das Lob, das uns = rer Seel' ent = quoll.
4. fal = len! Dir jauch = zen wir, dir sin = gen wir!
5. prei = sen von E = wig = keit zu E = wig = keit!
G. Geßner.

Nr. 130. Die Kapelle.

Auch nach Nr. 2 zu singen.

Langsam. H. F. Müller.

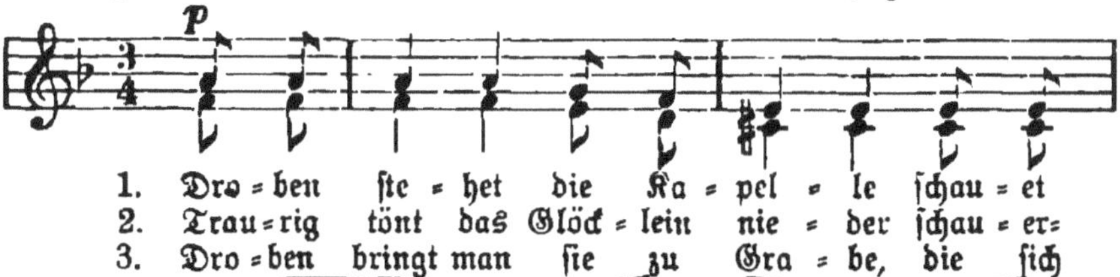

p

1. Dro = ben ste = het die Ka = pel = le schau = et
2. Trau = rig tönt das Glöck = lein nie = der schau = er=
3. Dro = ben bringt man sie zu Gra = be, die sich

1. still ins Thal hin = ab. Drun = ten singt bei Wies' und
2. lich der Lei = chen=chor; stil = le sind die fro = hen
3. freu = ten in dem Thal. Hir = ten = kna = be, Hir = ten=

p

1. Quel = le froh und hell der Hir = ten = knab'.
2. Lie = der, und der Kna = be lauscht em = por.
3. kna = be, dir auch singt man dort ein = mal.

Uhland.

Nr. 131 Danket dem Herrn.

Nicht zu geschwind. K. Schulz.

1. Dan = ket dem Herrn! Wir dan = ken dem Herrn; denn er ist
2. Lo = bet den Herrn! Ja, lo = be den Herrn auch mei = ne
3. Sein ist die Macht! All=mäch = tig ist Gott; sein Thun ist
4. Groß ist der Herr! Ja, groß ist der Herr; sein Nam' ist
5. An = be=tung ihm! An = be=tung dem Herrn; mit hoh = er
6. Lob = sin=get ihm! Wir lob = sin = gen ihm in fro = hen

1. freund=lich, und sei = ne Gü = te wäh = ret e = wig=
2. See = le; ver = giß es nie, was er dir Guts ge=
3. wei = se, und sei = ne Huld wird je = den Mor = gen
4. hei = lig, und al = le Welt ist sei = ner Eh = re
5. Ehr=furcht werd' auch von uns sein Na = me stets ge=
6. Chö = ren, und er ver=nimmt auch un = sern Lob = ge=

1. lich, sie wäh = ret = e = wig = lich, sie wäh = ret e = wig = lich!
2. than! was er dir Guts ge = than, was er dir Guts ge = than!
3. neu, wird je = den Mor=gen neu, wird je = den Mor=gen neu!
4. voll, ist sei = ner Eh = re voll, ist sei = ner Eh = re voll!
5. nannt, sein Na=me stets ge = nannt, sein Na=me stets ge = nannt!
6. sang, auch un=sern Lob = ge=sang, auch un=sern Lob = ge = sang!

Herrosé.

Nr. 132. Glocke, du klingst fröhlich.

Gemütlich langsam. F. E. Fesca.

1. Glok=ke, du klingst fröh = lich, wenn der Hoch=zeit = rei = hen
2. Glok=ke, du klingst tröst = lich, ru = fest du am A = bend,
3. Sprich, wie kannst du kla = gen? wie kannst du dich freu=en?
4. Gott hat Wun = der = ba = res, was wir nicht be = grei=fen,

cresc.
1. zu der Kir = che geht! Glok = ke, du klingst hei = lig,
2. daß es Bet = zeit sei! Glok = ke, du klingst trau = rig,
3. bist ein tot' Me = tall! A = ber uns = re Lei = den,
4. Glock', in dich ge = legt! Muß das Herz ver = sin = ken,
dim.
1. wenn am Sonn=tags = mor=gen öd' der Ak = ker steht!
2. ru = fest du: das bitt = re Schei=den ist vor = bei!
3. a = ber uns = re Freu=den, die ver=stehst du all'!
4. du nur kannst ihm hel = fen, wenn's der Sturm be = wegt!
Aloys Wilhelm Schreiber.
Nr. 133. Laßt mich gehn.
Langsam.
Voigtländer.
1. Laß mich gehn, laßt mich gehn, daß ich Je = sum mö = ge
2. Sü = ßes Licht, sü = ßes Licht, Son = ne, die durch Wol=ken
3. Ach wie schön, ach wie schön ist der En = gel Lob = ge=
4. Wie wird's sein, wie wird's sein, wenn ich zieh' in Sa=lem
5. Pa = ra = dies, Pa = ra = dies, wie ist dei = ne Frucht so
1. sehn! Mei = ne Seel' ist voll Ver = lan = gen, ihn auf
2. bricht! O, wann werd' ich da = hin kom = men, daß ich
3. tön'! Hätt' ich Flü = gel, hätt' ich Flü = gel, flög' ich
4. ein, in die Stadt der gold = nen Gas = sen! Herr, mein
5. süß! Un = ter dei = nen Le = bens=bäu = men wird uns
1. e = wig zu um = fan = gen und vor sei = nem Thron zu steh'n.
2. dort mit al = len Frommen schau' dein hol = des An = ge = sicht!
3. ü = ber Thal und Hü = gel heu = te noch nach Zi = ons Höh'n!
4. Gott, ich kann's nicht fas = sen, was das wird für Won=ne sein!
5. sein, als ob wir träu=men! Bring' uns Herr ins Pa = ra = dies!
G. Knak.

Nr. 134. Dank, dem Geber Dank.

Feierlich.
Alle.
Einige.
Kunzen.

1. Dank, dem Ge = ber Dank! daß der Ga = ben Fül = le
2. Dank, dem Ge = ber Dank! daß die Sil = ber = quel = le
3. Dank, dem Ge = ber Dank! daß das Werk der Hän = de

1. uns er = quickt, daß des Frie=dens Won=ne uns ent = zückt.
2. für uns floß, daß sein mil = der Re = gen sich er = goß.
3. wohl ge = riet, daß so man = che Freu = de für uns blüht

Alle.
Einige.

1. Dank, dem Ge = ber Dank! Hat der Rei = chen Mar=mor=saal
2. Dank, dem Ge = ber Dank! Floß in Got = tes Re = = gen,
3. Dank, dem Ge = ber Dank! Giebt uns Gott erst sein Ge=deihn,

Alle.

1. Freu = den mehr, als un = ser Mahl!
2. nicht für uns sein Se = = gen?
3. un = ser Le = ben ihm zu weihn!

1-3. Tö = ne dem

1—3. Ge = ber Ge = sang! tö = ne dem Ge = ber Ge = sang!

Nr. 135. Ich bete an die Macht der Liebe.

Nicht zu langsam. D. Bortniansky.

1. Ich be = te an die Macht der Lie = be, die sich in
ich geb' mich hin dem frei = en Trie = be, mit dem ich
2. Wie bist du mir so zart ge = wo = gen, und wie ver=
durch Lie = be sanft und tief ge = zo = gen, neigt sich mein
3. Ich fühl's, du bist's, dich muß ich ha = ben, ich fühl's, ich
nicht im Ge=schöpf, nicht in den Ga = ben, mein Le = ben
4. O Je = su, daß dein Na = me blie = be, im Her = zen
möcht' dei = ne sü = ße Je = sus = lie = be in Herz und
5. Ehr' sei dem ho = hen Je = sus = na = men, in dem der
von dem hier al = le Bäch = lein ka = men, aus dem der

1. Je = su of = fen = bart; Wurm ge = lie = bet ward. Ich will, an=statt an mich zu
2. langt mein Herz nach dir! Al = les auch zu dir! du trau = te Lie = be, gu = tes
3. muß für dich nur sein: ist in dir al = lein! Hier ist die Ruh', hier ist Ver=
4. tief ge = drük = ket ein! Sinn ge = prä = get sein! In Wort und Werk, in al = len
5. Lie = be Quell ent=springt, Seel'gen Schar jetzt trinkt! Wie beu=gen sie sich oh = ne

1. den = ken, ins Meer der Lie = be mich ver = sen = ken.
2. We = sen, du hast mich, ich hab' dich er = le = sen!
3. gnü=gen; drum folg' ich dei = nen sel' = gen Zü = gen!
4. We = sen sei Je = sus und sonst nichts zu le = sen!
5. En = de, wir fal = ten mit die fro = hen Hän = de!

G. Tersteegen.

Nr. 136. Einen gold'nen Wanderstab.

Mäßig. Volksweise.

1. Ei - nen gold'-nen Wan-der - stab ich in mei - nen Hän - den
2. Und ein En - gel freundlich, mild, mei-nes Got - tes E - ben-
3. Und am Him-mel, hell und rein, steht ein Sternlein, das ist

1. hab'; aus dem Him-mel ist er her, nach dem Him-mel zei - get
2. bild, wohnt in mei - ner See - le still, len - ket mich wie Gott es
3. mein; winkt und lä - chelt mir mit Lust, füllt mit Won-ne mei - ne

1. er. Die - ser Stab, seht, ist mein Glau - be stark und
2. will. Die - ser En - gel ist die Lie - be! Al - le
3. Brust. Die - ses Stern - lein ist die Hoff-nung! Durch der

1. mäch - tig stützt er mich: trennt auch Leib und See - le
2. Men - schen macht sie reich, al - le Brü-der, al - le
3. Grä - ber Nacht und Grau'n führt es die, die ihm ver-

1. sich, auf ihn trau' und bau - e ich.
2. gleich, führt sie all' zu Got - tes Reich.
3. trau'n, zu des Him - mels sel' - gen Au'n.

Nr. 137. Die Heimat der Seele.

Mäßig.

1. Wo fin = det die See = le die Hei = mat, die Ruh'? Wer
2. Ver = laſ = ſe die Er = de, die Hei = mat zu ſeh'n, die
3. Wie ſe = lig die Ru = he bei Je = ſu im Licht! Tod,

1. deckt ſie mit ſchüt=zen=den Fit = ti = gen zu? Ach, bie = tet die
2. Hei = mat der See = le, ſo herr = lich ſo ſchön! Je = ru = ſa = lem
3. Sün = de u. Schmerzen, die kennt man dort nicht! Das Rauſchen der

1. Welt kei = ne Frei=ſtatt uns an, wo Sün = de nicht herrſchen, nicht
2. dro = ben, von Gol = de er=baut, iſt die = ſes die Hei=mat der
3. Har = fen, der lieb = li = che Klang, be=willkommt die See = le mit

1. an = fech=ten kann? Nein, nein, nein, nein, hier iſt ſie
2. See = le, der Braut? Ja, ja, ja, ja, die = ſes al=
3. ſü = ßem Ge = ſang. Ruh', Ruh', Ruh', Ruh', himm=li=ſche

1. nicht: die Hei = mat der See = le iſt dro = ben im Licht.
2. lein kann Ruh=platz und Hei = mat der See = le nur ſein.
3. Ruh' im Scho = ße des Mittlers, ich ei = = le dir zu!

Nr. 138. Es geht durch alle Lande.

Lieblich. C. G. Gläser.

1. Es geht durch al = le Lan = de ein En = gel still um=
2. Es geht von Haus zu Hau = se; und wo ein gu = tes
3. Er spie = let mit dem Kin = de so trau = lich und so
4. Und geht das Kind zur Ru = he, der En = gel wei = chet
5. O, hol = der En = gel, füh = re auch mich den Kin=dern

1. her! kein Au = ge kann ihn se = hen, doch al = les sie = het
2. Kind bei Va = ter o = der Mut = ter im Käm=mer=lein sich
3. fein; er hilft ihm flei = ßig ler = nen und stets ge = hor = sam
4. nicht; er hü = tet treu sein Bett=chen bis an das Morgen=
5. zu, die du so gern be = glei = test zu Ar=beit, Spiel u.

f

1. er. Der Him = mel ist sein Va = ter = land, vom
2. find't: da wohnt er gern und blei = bet da, und
3. sein; das Kind be=folgt's mit fro = hem Mut, drum
4. licht. Er weckt es auf mit stil = lem Kuß zur
5. Ruh! Bei sol = chen Kin = dern lieb' und fein, da

mf

1. lie = ben Gott ist er ge = = sandt.
2. ist dem Kind = lein im = = mer nah'.
3. bleibt es auch so lieb, so gut.
4. Ar = beit und zum Froh = = ge = nuß.
5. mag auch ich so ger = = ne sein!

Lieth.

Nr. 139. Weißt du, wie viel Sterne stehen?

Ziemlich langsam. Volksweise.

1. Weißt du, wie viel Ster - ne ste - hen an dem
Weißt du, wie viel Wol - ken ge - hen weit - hin
2. Weißt du, wie viel Mück - lein spie - len in der
wie viel Fisch - lein auch sich küh - len in der
3. Weißt du, wie viel Kin - der frü - he stehn aus
daß sie oh - ne Sorg' und Mü - he fröh - lich

1. blau - en Him - mels - zelt?
ü - ber al - le Welt?
Gott, der Herr, hat sie ge-
2. hei - ßen Son - nen - glut,
hel - len Was - ser - flut!
Gott, der Herr, rief sie mit
3. ih - rem Bett - lein auf,
sind im Ta - ges - lauf?
Gott im Him - mel hat an

1. zäh - let, daß ihm auch nicht ei - nes feh - let an der
2. Na - men, daß sie all' ins Le - ben ka - men, daß sie
3. al - len sei - ne Lust und Wohl-ge - fal - len, kennt auch

1. gan-zen gro - ßen Zahl, an der gan - zen gro - ßen Zahl.
2. nun so fröh - lich sind, daß sie nun so fröh - lich sind.
3. dich und hat dich lieb, kennt auch dich und hat dich lieb.

Hey.

Nr. 140. Das Gebet des Herrn.

Mäßig langsam. Volksweise.

1. Va - ter un - ser! be - ten wir, der du in dem
und die Dei - nen, wenn sie dir treu - lich die - nen,
2. Zu uns kom - me, Herr, dein Reich, daß dein Him - mel
daß wir dei - nem Soh - ne gleich, dei - nem Wil - len
3. Gieb uns, Herr nach dei - ner Huld, was uns nö - tig
In - nig reut uns uns - re Schuld; doch du wirst sie
4. In Ver - su - chung führ' uns nicht, laß uns nie - mals
gieb die Kraft, die uns ge - bricht, bö - se Lü - ste
5. Wer mit fe - ster Zu - ver - sicht de - muts - voll in
die - se sie - ben Bit - ten spricht, kann mit Freu-den

1. Him - mel woh - nest, e - wig loh - nest; dei - nes Na - mens Herr - lich-
2. sei auf Er - den; folg - sam wer - den; folg - sam wie der hö - h're
3. ist zum Le - ben! uns ver - ge - ben! wenn dem Näch-sten wir ver-
4. un - ter - lie - gen; zu be - sie - gen; Va - ter, steh uns gnä - dig
5. Je - su Na - men sa - gen: A - men! A - men, ja es wird ge-

1. keit sei ge - hei - ligt al - le - zeit!
2. Geist, der dich rein und hei - lig preist!
3. zeihn und der Fröm - mig - keit uns weihn!
4. bei, mach' uns von dem Ü - bel frei!
5. schehn, was wir so von Gott er - flehn!

Nr. 141. Wie wird uns sein?

Langsam. Mendelssohn-Bartholdy.

1. { Wie wird uns sein, wenn end - lich nach dem schwe-ren,
   wir aus der Frem - de in die Hei - mat keh - ren
2. { Wie wird uns sein, wenn wir vom hel - len Strah - le
   und, o der Won - ne! dann zum er - sten Ma - le
3. { Wie wird uns sein, wenn wir mit Le - ben lau - schen
   Wenn gold'-ne Har - fen durch den Him - mel rau - schen
4. { Wie wird uns sein, o was kein Aug' ge - se - hen,
   Das wird uns wer - den, wird an uns ge - sche - hen,

1. { doch nach dem letz - ten aus - ge - kämpf - ten Streit
   und ein - ziehn in das Thor der E - wig-
2. { des ew' - gen Lich - tes ü - ber - gos - sen stehn
   uns frei und rein von al - ler Sün - de
3. { dem hö - hern Chor, der uns ent - ge - gen tönt,
   das Lob des Lam-mes, das die Welt ver-
4. { kein Ohr ge - hört, kein Men - schen - sinn em - pfand,
   wenn wir hin - ein - ziehn ins ge - lob - te

1. keit, wenn wir den letz - ten Staub von un - sern Fü - ßen,
2. seh'n, wenn wir von kei - nem Ma - kel aus - ge - schlos - sen
3. söhnt; wenn weit und breit die heil' - gen Got - tes - stät - ten
4. Land! Wohl - an den stei - len Pfad hin - an ge - klom - men!

1. den letz - ten Schweiß vom An - ge - sicht ge - wischt, nur in der
2. und nicht zu - rück - ge-scheucht von Schuld u. Pein, als Him-mels-
3. voll Hal - le - lu - ja der Er - lö - sten schallt, und dort der
4. es ist der Mü - he und des Schwei-ßes wert, da - hin zu

1. Nä = he se = hen und be = grü = ßen, was oft den
2. bür = ger Got = tes Haus = ge = nos = sen ein = tre = ten
3. heil' = ge Weih=rauch der Ge = be = te em = por zum
4. ei = len und dort an = zu = kom = men, wo mehr, als

1. Mut im Pil = ger = thal er = frischt!
2. dür = fen in der Sel = gen Reih'n!
3. Thron des Al = ler = höch = sten schallt!
4. wir ver=steh'n, der Herr be = schert!

Spitta.

Nr. 142. Der beste Freund ist in dem Himmel.

Sanft und innig.

1. Der be = ste Freund ist in dem Him=mel, auf Er = den
und in dem fal = schen Welt = ge = tüm=mel ist Red = lich=
2. Die Menschen sind wie ei = ne Wie = ge, mein Je = sus
und ob ich gleich dar = nie = der = lie = ge, mich sei = ne
3. Mein Freund, der mir sein Her = ze gie = bet, mein Freund, der
mein Freund, der mich be = stän = dig lie = bet, mein Freund, bis
4. Er ließ sich sel = ber für mich tö = ten, ver = goß für
er steht mir bei in al = len Nö = ten und spricht für

1. sind die Freun = de rar,
keit oft in Ge = fahr.
2. ste = het fel = sen = fest,
Treu' doch nicht ver = läßt.
3. mein und ich bin sein.
in den Tod hin = ein.

1-3. Drum hab' ich's im = mer so ge=

4. mich sein teu = res Blut,
mei = ne See = le gut.

4. Ach, hab' ich's nun nicht recht ge=

1—4. meint: Mein Je = sus ist der be = ste Freund!

Nr. 143. Segne und behüte.

1. Seg = ne und be = hü = te uns mit dei = ner Gü = te,
2. Schenk' uns dei=nen Frie = den al = le Tag' hie = nie = den;
3. A = men, A=men, A = men! Lo = bet all' den Na = men

1. Herr, er = heb' dein An = ge = sicht ü = ber uns und gieb uns Licht!
2. gieb uns dei = nen heil'=gen Geist, der uns stets zu Je = su weis't!
3. un = sers Her = ren Je = su Christ, der der Erst' und Letz = te ist!

Nr. 144. Der apostolische Segenswunsch.

Chr. Gregor.

Die Gna = de un = sers Herrn Je = su Chri=
sti, und die Lie = be Got = tes, und die Ge=
mein = schaft des heil' = gen Gei = stes sei mit uns

al - len, mit uns al - len! A - men!

Canons.

Nr. 145.

1. Lo - bet und prei - set, ihr Völ - ker, den Herrn!
2. Grü - nen - de Flu - ren in herr - li - cher Pracht
3. Eh - re sei e - wig dem Herr-scher der Welt,

1. Freu - et euch sei - ner und die - net ihm gern!
2. rüh - men des E - wi - gen Gü - te und Macht,
3. der sie er - schaf - fen und mäch - tig er - hält!

1. All' ihr Völ - ker, lo - bet den Herrn!
2. rüh - men Got - tes Gü - te und Macht.
3. Ihm sei Eh - re, sein ist die Welt!

Nr. 146.

Lebhaft.
Auf, ihr Kin - der, auf und singt, bis es im - mer

bes - ser im - mer bes - ser klingt.

Nr. 147.

Heiter.
1. Fro = he Kin = der, o die ha = ben gern Ge = sang,
2. Lan = ger Schlä = fer, liegst noch im = mer hart und fest
1. gern Ge = sang, will sie Un = mut quä = len, tril = lern
2. in dem Nest! Hörst du nicht die Glok = ke, hörst du
1. ih = re Keh = len! Kling und Klang, Kling und Klang.
2. nicht die Glok = ke! Bum, bum, bum, bum, bum, bum!
Nr. 148.
Gro = ße Uh = ren ge = hen tick tack, tick tack, klei = ne Uh=ren
ge = hen tick tack, tick tack, tick tack, tick tack, und die klei = nen
Taschenuh=ren tik = ke tak = ke, tik = ke tak = ke, ti = ke tak = ke, tick.
Nr. 149.
Vö = ge = lein sin=gen im Busch und Hain, la = den zu
Freu = den des Len = zes uns ein

Nr. 150.

1. Froh zu sein be - darf man we - nig, und wer froh ist,
2. Tu - gend sei stets mei - ne Freu - de sie ziert mehr als

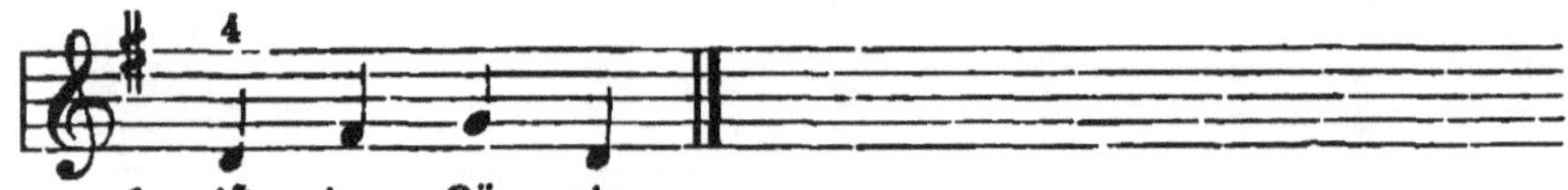

1. ist ein Kö - nig.
2. Gold und Sei - de.

Nr. 151.

Munter.

Der Som-mer keh - ret wie - der, der Kuk-kuck hat ge-

schrien: hört, wie dort sei - ne Lie - der hin-aus zum Wal - de

zieh'n: Kuk - kuck, Kuk - kuck, Kuk - kuck!

Nr. 152.

O, wie wohl ist mir am A - bend, mir am A - bend,

wenn zur Ruh' die Glok-ken läu - ten, Glok-ken läu - ten

bim bam bim bam bim bam.

Nr. 153.

Munter.
Nicht lan = ge mehr ist Win=ter, schon wärmt der Son=ne
Schein, dann kehrt mit schö=nen Ta = gen der Früh=ling bei uns
ein. Im Fel = de singt die Ler = che, der Kuk=kuck ruft im
Hain: Kuk=kuck, Kuk=kuck, Kuk=kuck, Kuk=kuck, Kuk = kuck.
Nr. 154.
Fro=her Mut macht die Ar = beit gut! Drum vollbring' zu
je = der = zeit al = les Thun mit Fröh = lich = keit.
Nr. 155.
Ein klei = nes blau = es Blüm=chen spricht am
Mur = mel = bach: Ver = giß mein nicht!

Nr. 156.

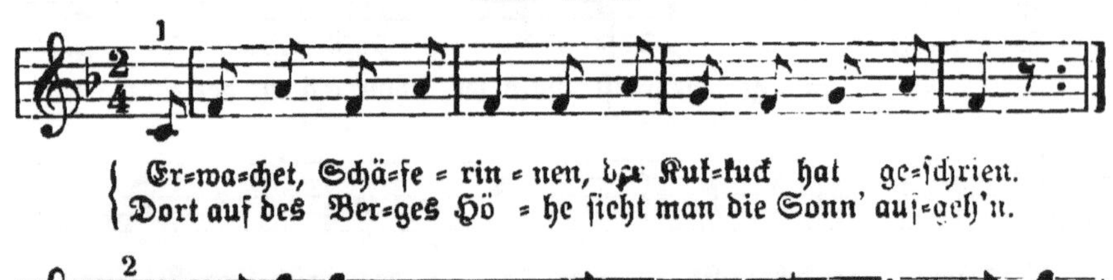
1
Er=wa=chet, Schä=fe = rin = nen, der Kuk=kuck hat ge=schrien.
Dort auf des Ber=ges Hö = he sieht man die Sonn' auf=geh'n.

2
Steht auf, steht auf, der Kuk=kuck hat geschrien; steht auf, steht
auf, der Kuk=kuck hat ge=schrien!
3
Kuk = kuck, Kuk = kuck, Kuk=
kuck, Kuk=kuck, Kuk = kuck, Kuk = kuck, Kuk = kuck, Kuk = kuck.

Nr. 157.

1
2
Der Ju = gend Mai eilt schnell vor = bei, die Jah = re
3
4
flie = hen, die uns er = = zie = hen, drum sei die Zeit dem
Fleiß ge = weiht.

www.ingramcontent.com/pod-product-compliance
Lightning Source LLC
Chambersburg PA
CBHW030625270326
41927CB00007B/1313